Inhalt

Inhalt

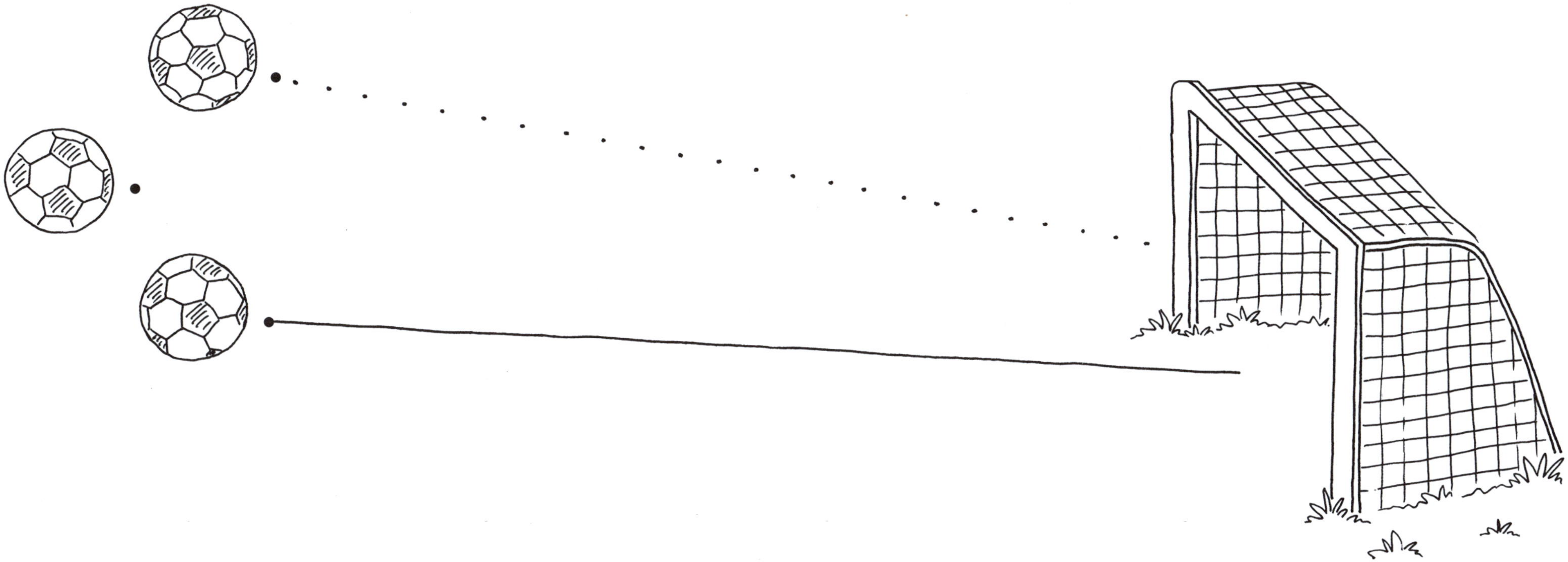

Die Bälle mit dem Stift ins Tor schießen, dazu sprechen „Tor!“; mehrfach nachspuren; mit geradem Strich verbinden

Was gehört zusammen?

Übung 2

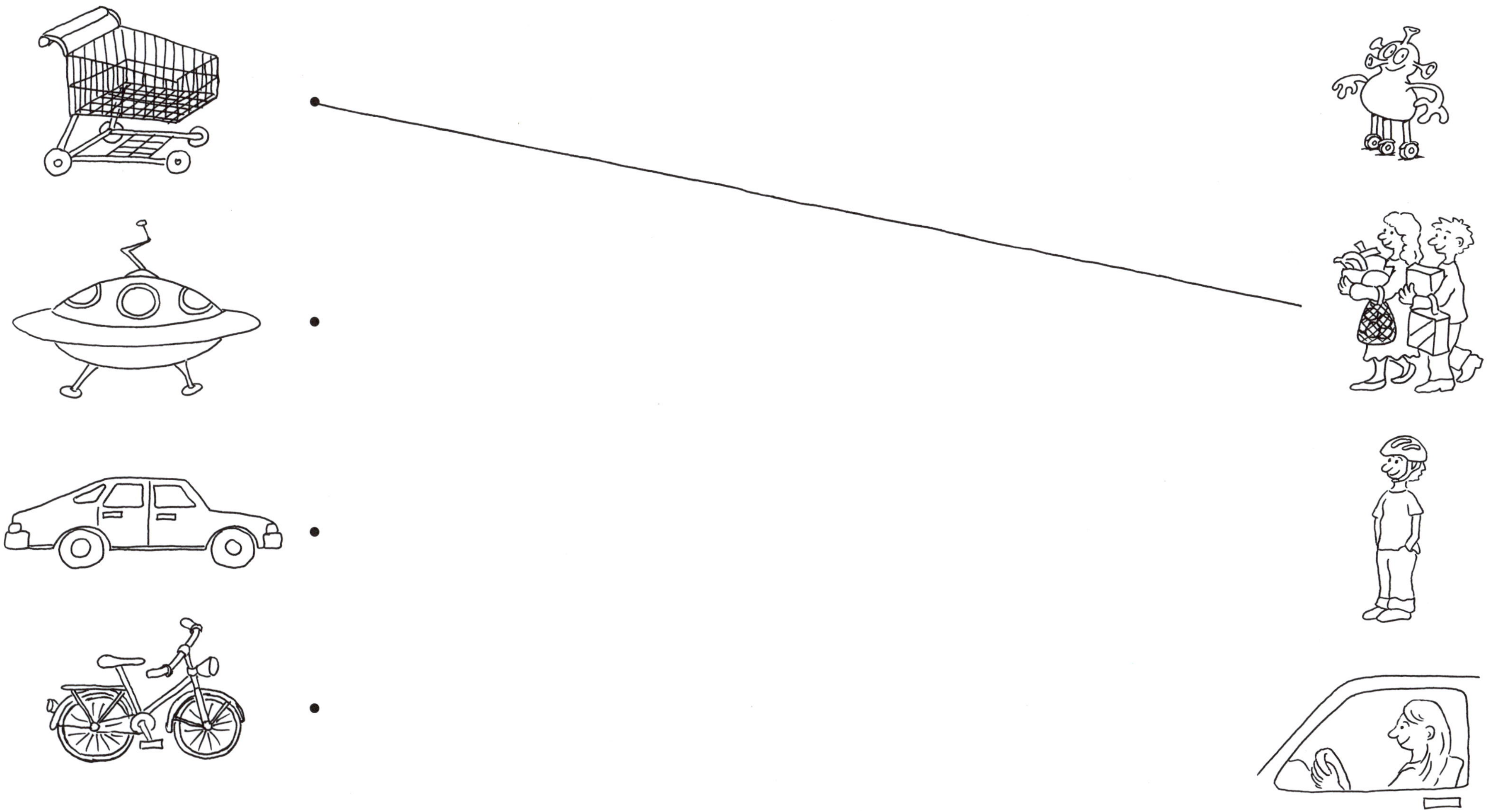

Nachspuren; mit geradem Strich verbinden, Striche überkreuzen sich

Komm, wir schaukeln

Übung 3

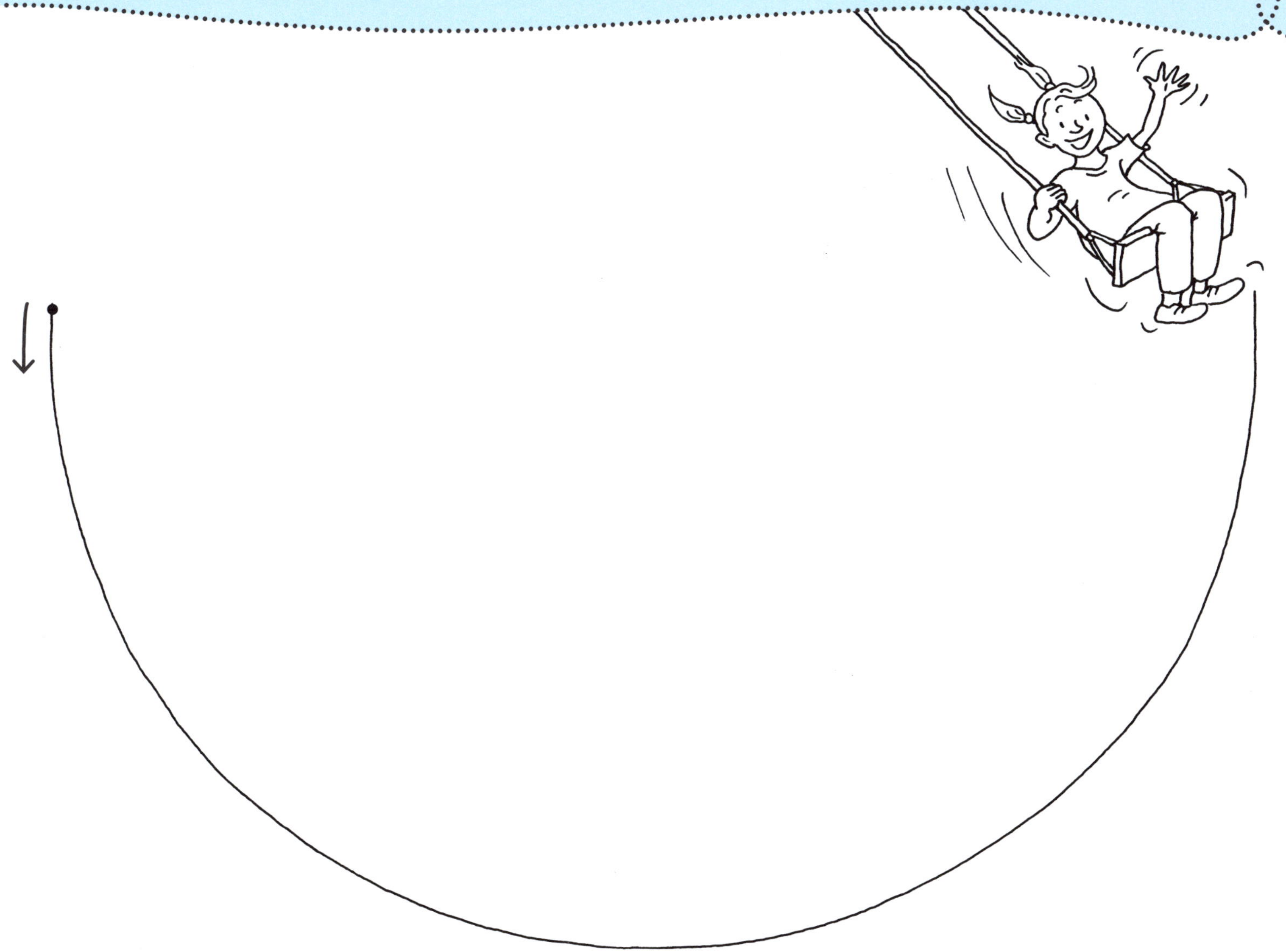

Hin und her, hin und her – Schaukeln ist ja gar nicht schwer.

Dynamische, halbrunde Bewegung; hin- und zurückschwingen

Wir schaukeln weiter!

Übung 4

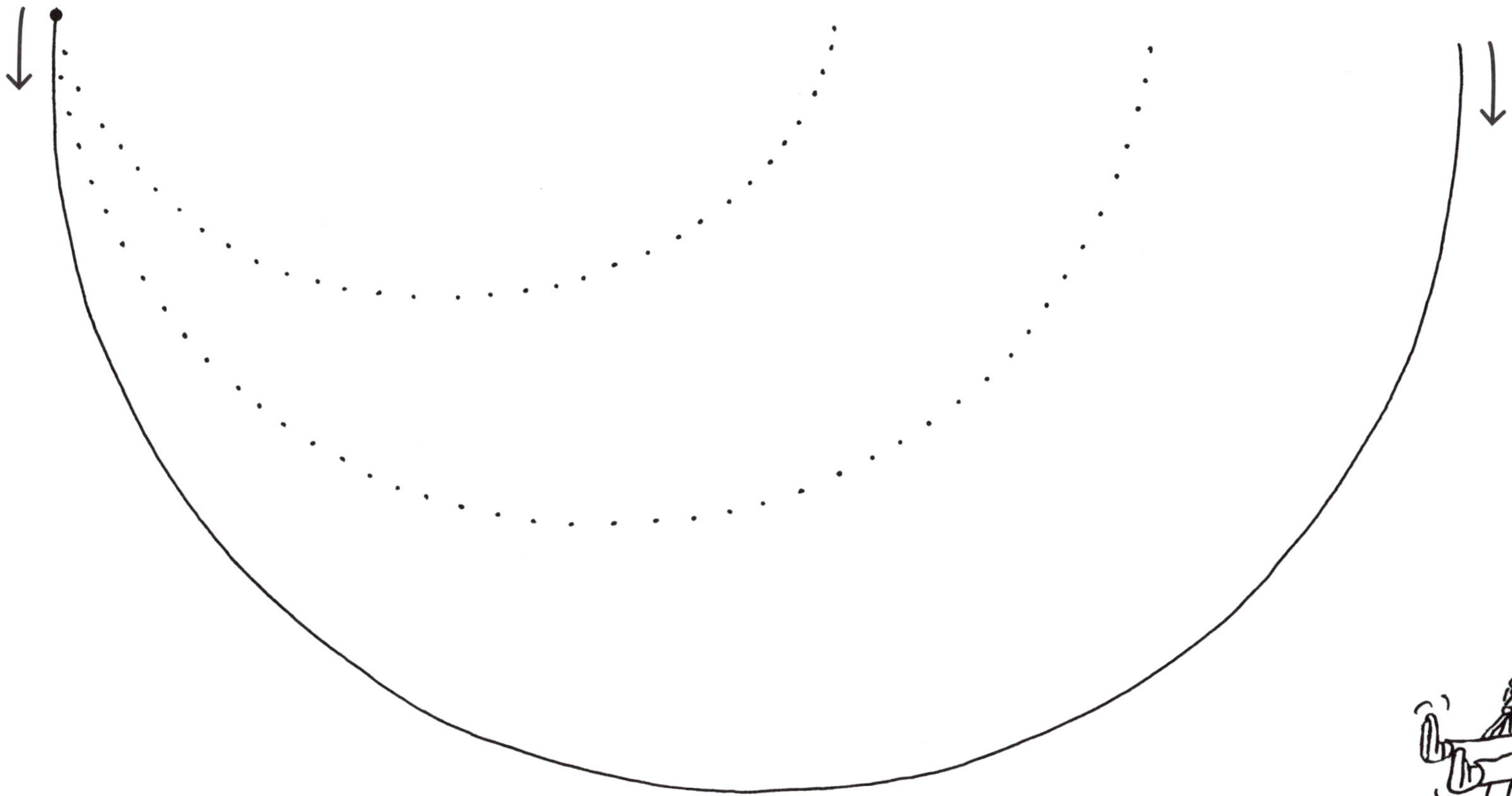

Hin und her, hin und her – Schaukeln ist ja gar nicht schwer.

Dynamische, halbrunde Bewegung; hin- und zurückschwingen

Der Vogel fliegt so

Übung 5

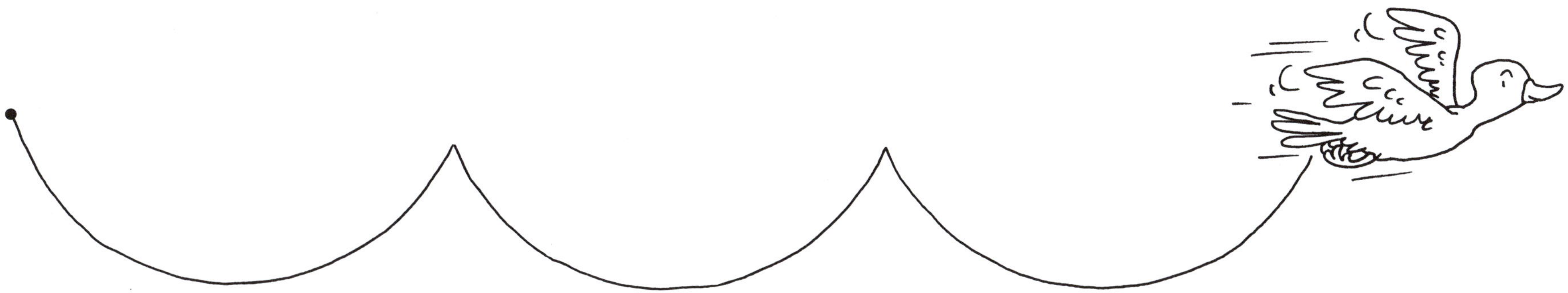

Er fliegt so ...

Fortlaufender dynamischer Schwung, den Stift nicht absetzen

Alle fliegen

Ufos fliegen so.

Eulen fliegen so.

Möwen fliegen so.

Fortlaufender dynamischer Schwung, den Stift nicht absetzen; die gesamte Zeile ergänzen; durch rhythmisches Sprechen unterstützen

Noch ein Bogen, noch ein Bogen ...

Silbenbögen in Lineatur einpassen; rhythmisches Sprechen in Silben: „Noch ein Bogen, noch ein Bogen ...“

Wir fliegen Loopings

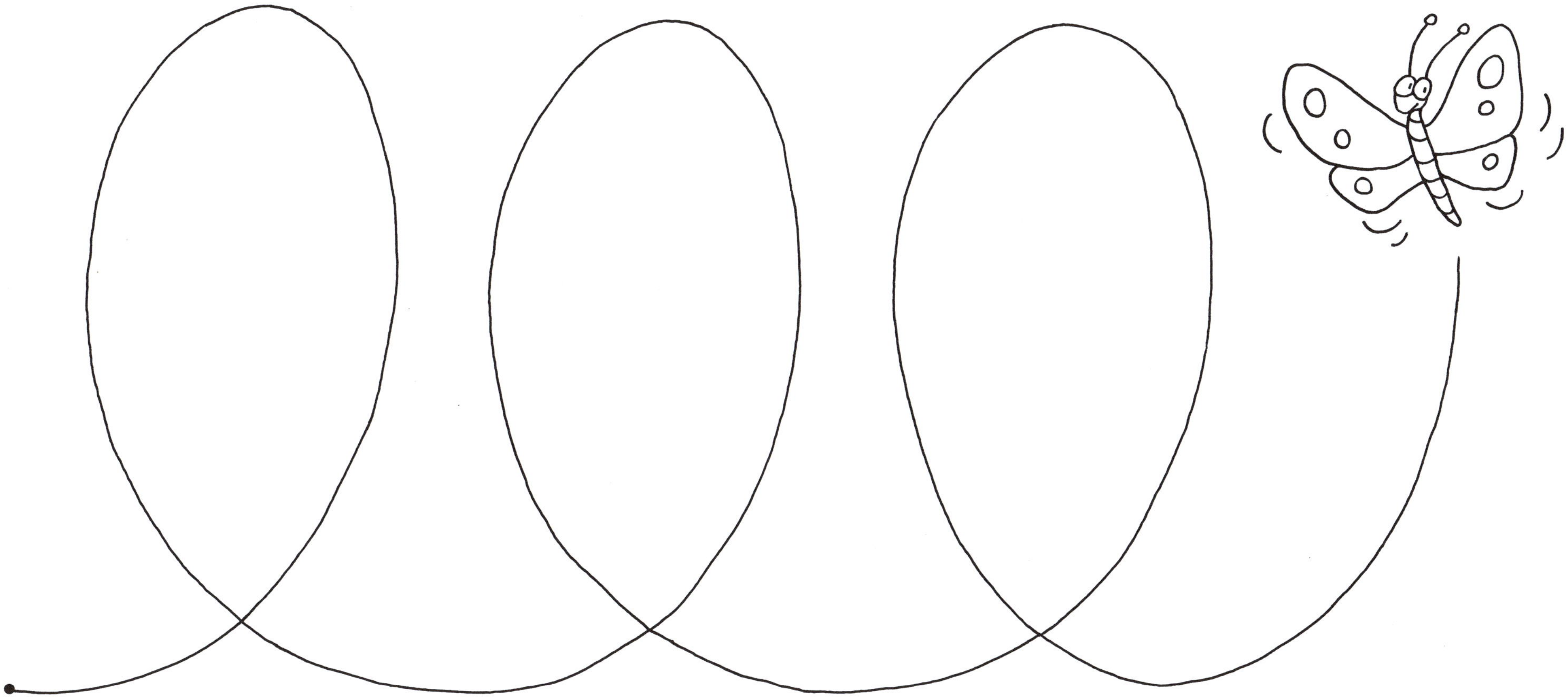

Über Kopf und rundherum

Looping-Linie mehrfach nachspuren; rhythmisches Sprechen

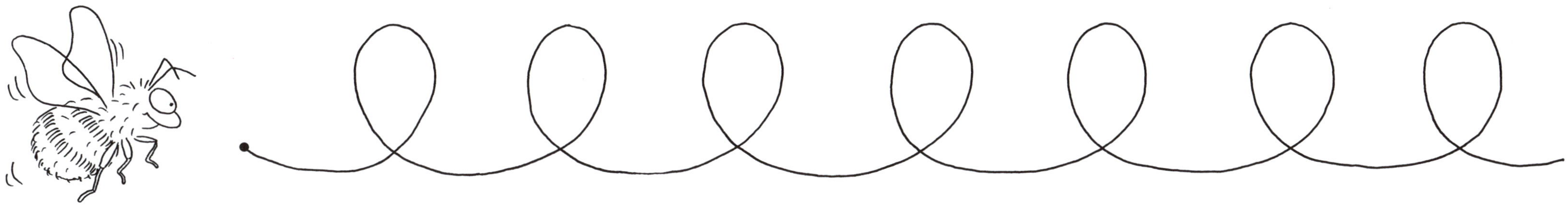

Summ, summ, summ ...

In flüssigem Bewegungsablauf nachspuren; rhythmisches Sprechen

Summm, summ, summ ...

Schleifen in Lineatur einpassen und in Größenvarianten trainieren; rhythmisches Sprechen

Den Richtungspfeilen entsprechend durch das Labyrinth fahren, Linien nicht berühren, Stift möglichst nicht absetzen

Auf und ab in der Welle

Übung 12

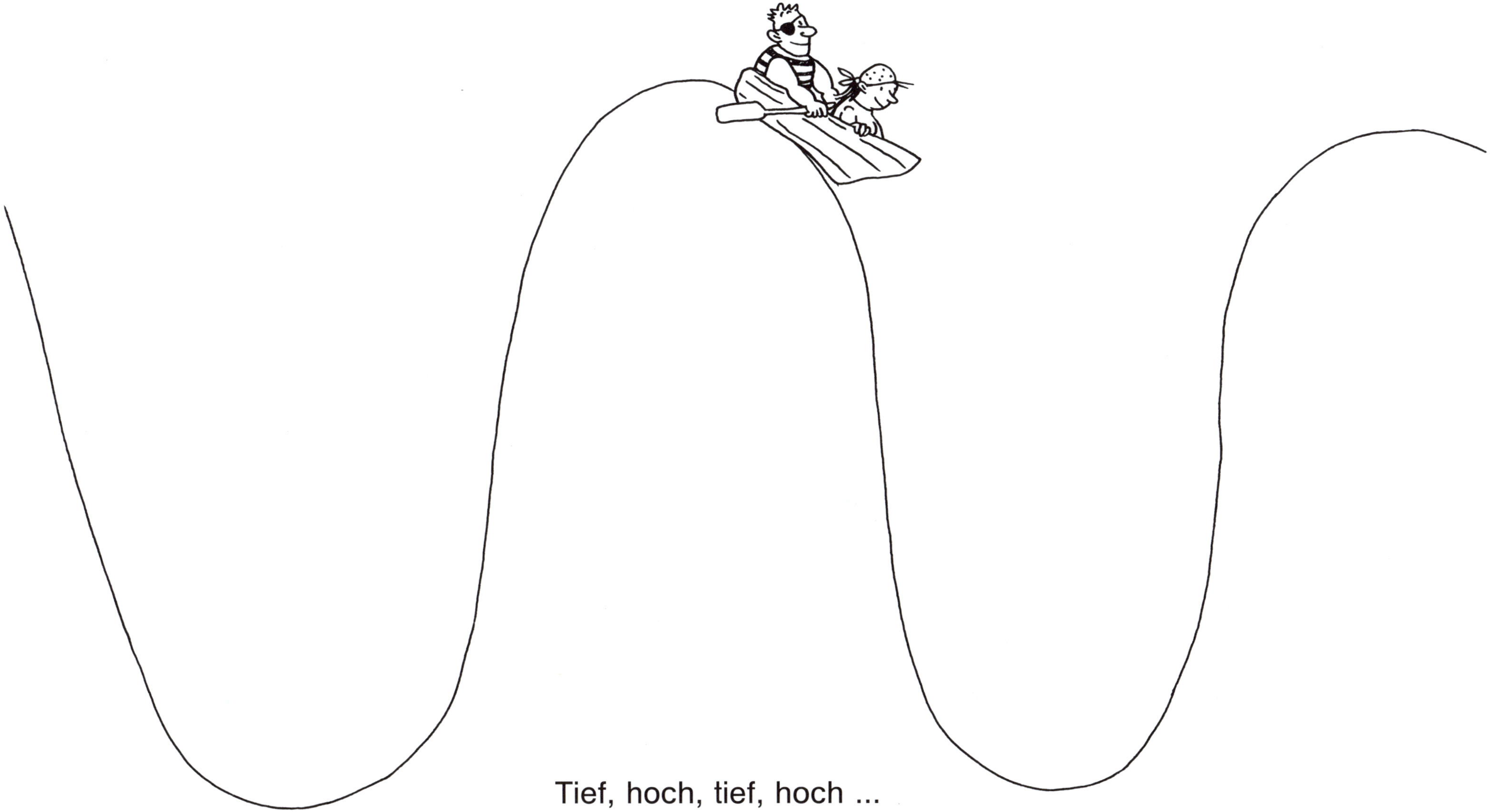

Tief, hoch, tief, hoch ...

Wir fahren übern See ...

Übung 13

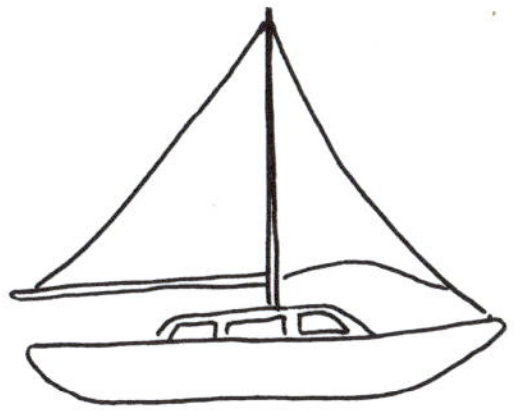

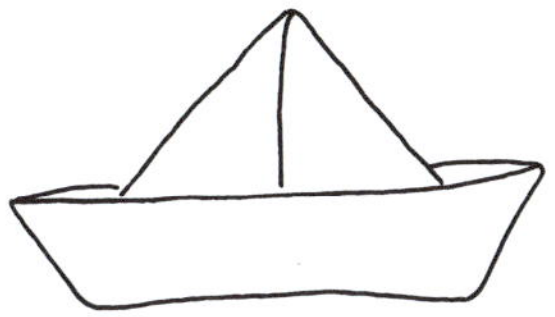

Boote fahren hoch und runter, hoch und runter – immer munter.

Lockere, gleichmäßige Wellenlinie; rhythmisches Sprechen

Fische fangen

Übung 14

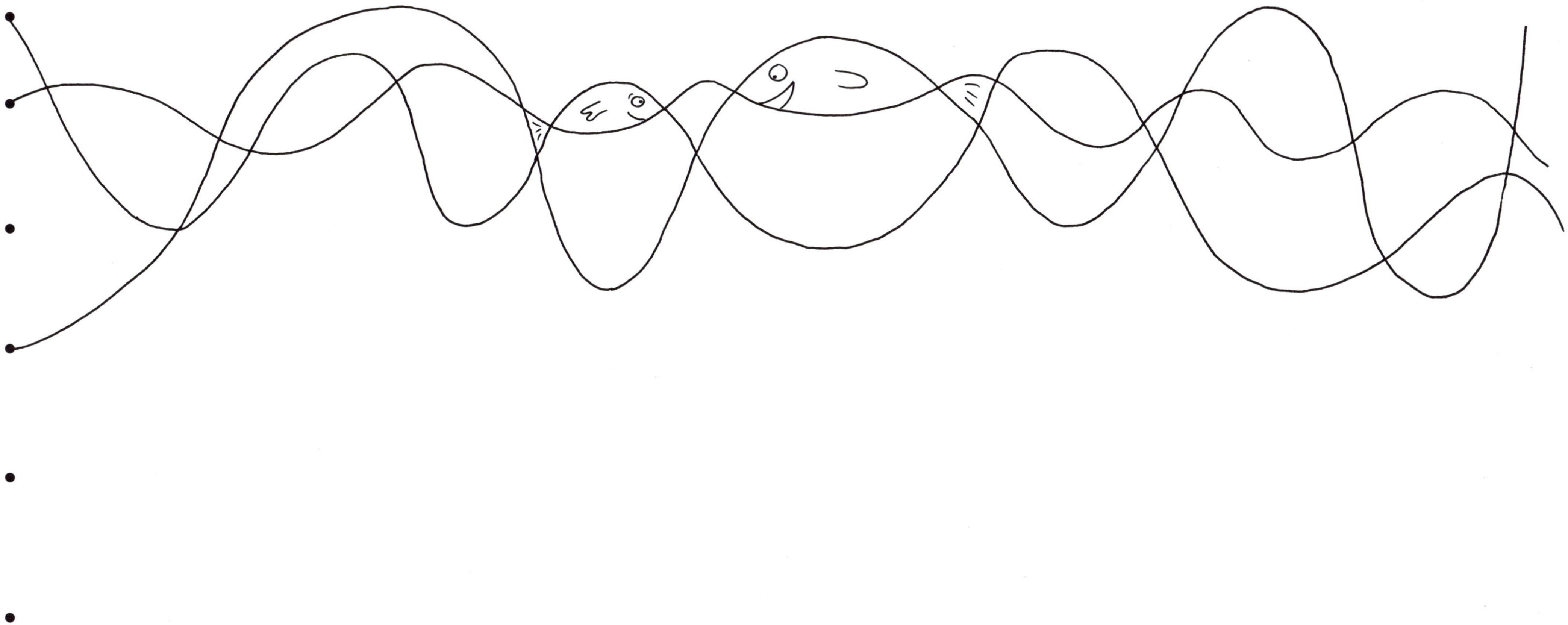

Freies Malen, sich überkreuzende Linien zulassen; „Fisch-Formen“ erkennen, ausmalen;
evtl. an der Tafel einführen

Autorennen

Übung 15

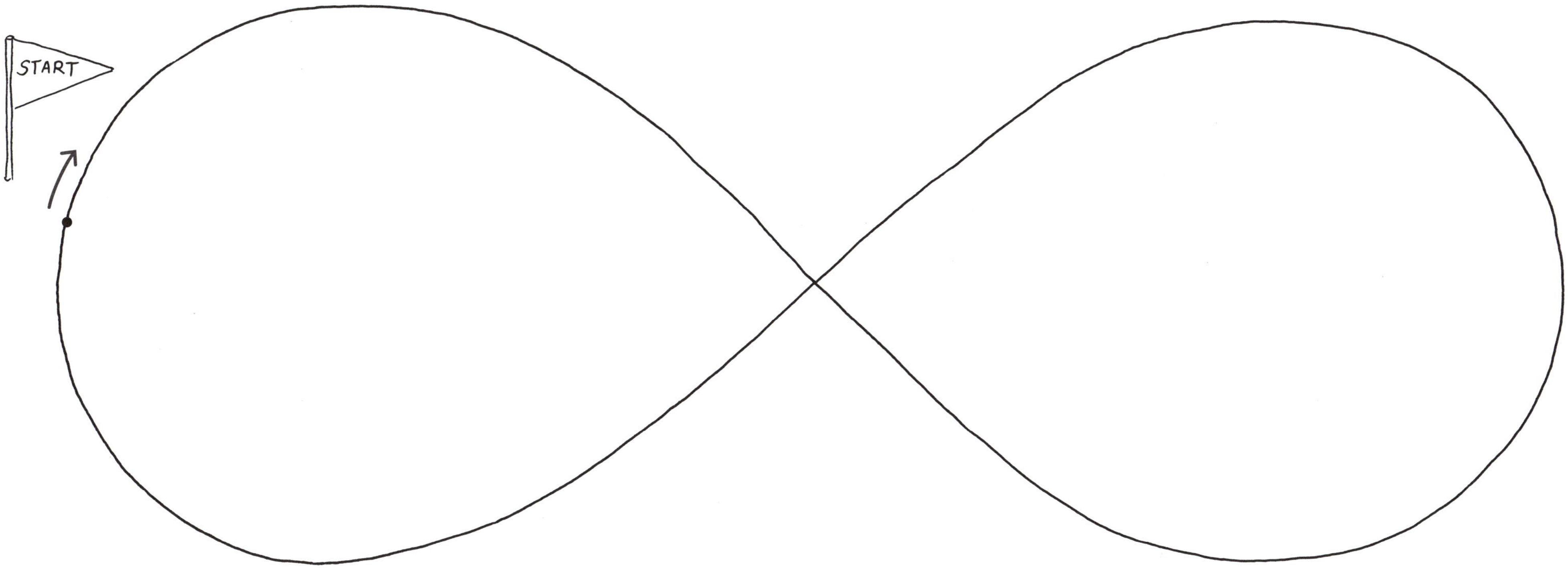

Autos sausen, Autos brausen – rundherum, rundherum.

Block mittig vor das Kind; auf überkreuzende Bewegung vor der Körpermitte achten, liegende Acht nachspuren; rhythmisches Sprechen

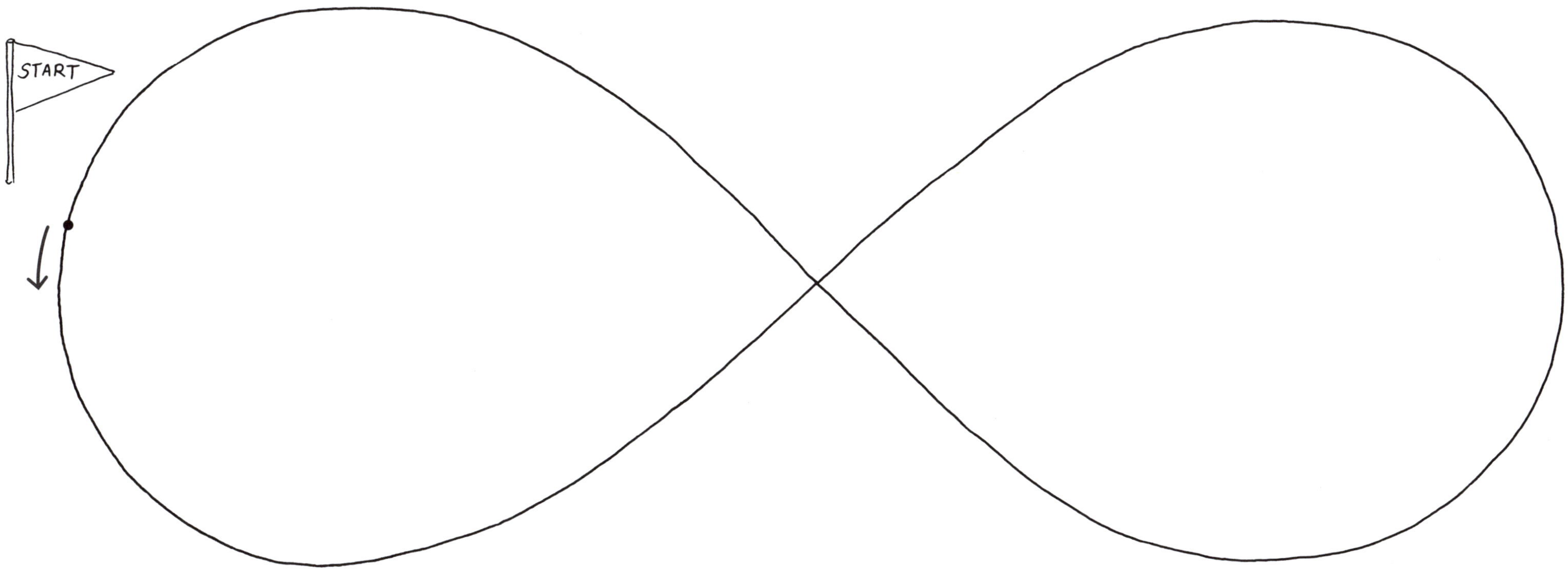

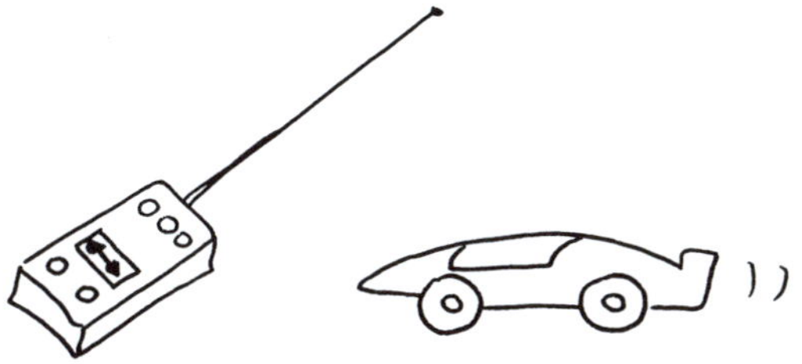

Autos sausen, Autos brausen – rundherum, rundherum.

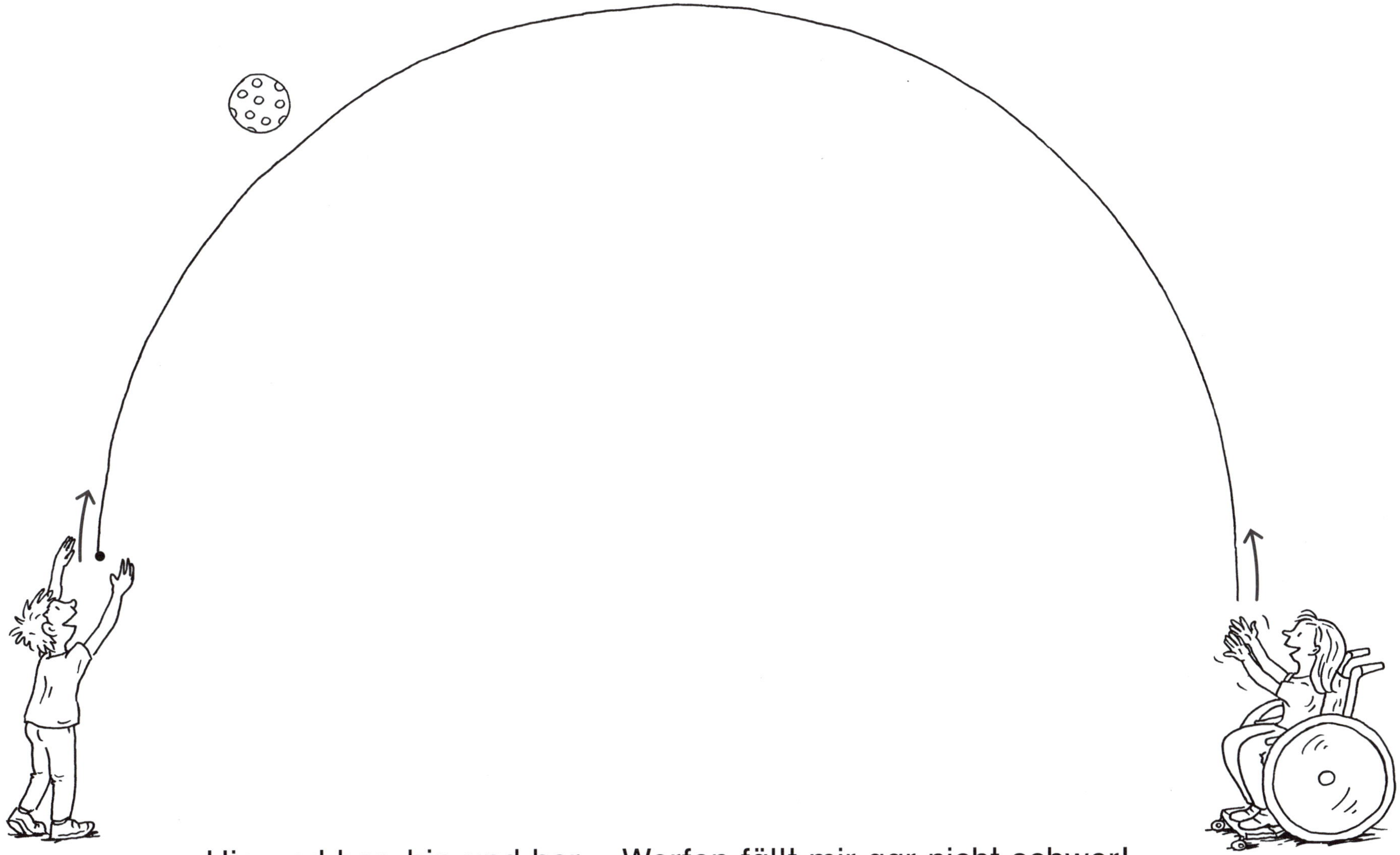

Hin und her, hin und her – Werfen fällt mir gar nicht schwer!

Sackhüpfen

Übung 18

Hopp, hopp, hopp ...

Die Arkadenbögen fortlaufend und gleichmäßig nachspuren; rhythmisches Sprechen

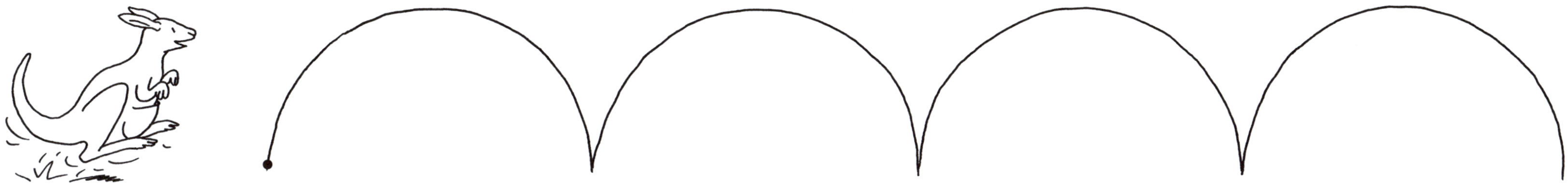

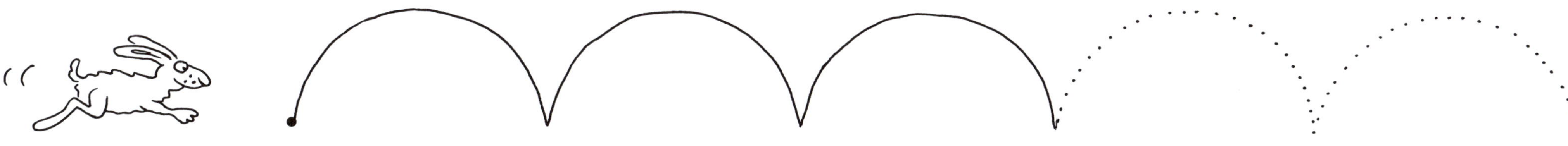

Hüpf, hüpf, hüpf ...

Große Sprünge – kleine Sprünge

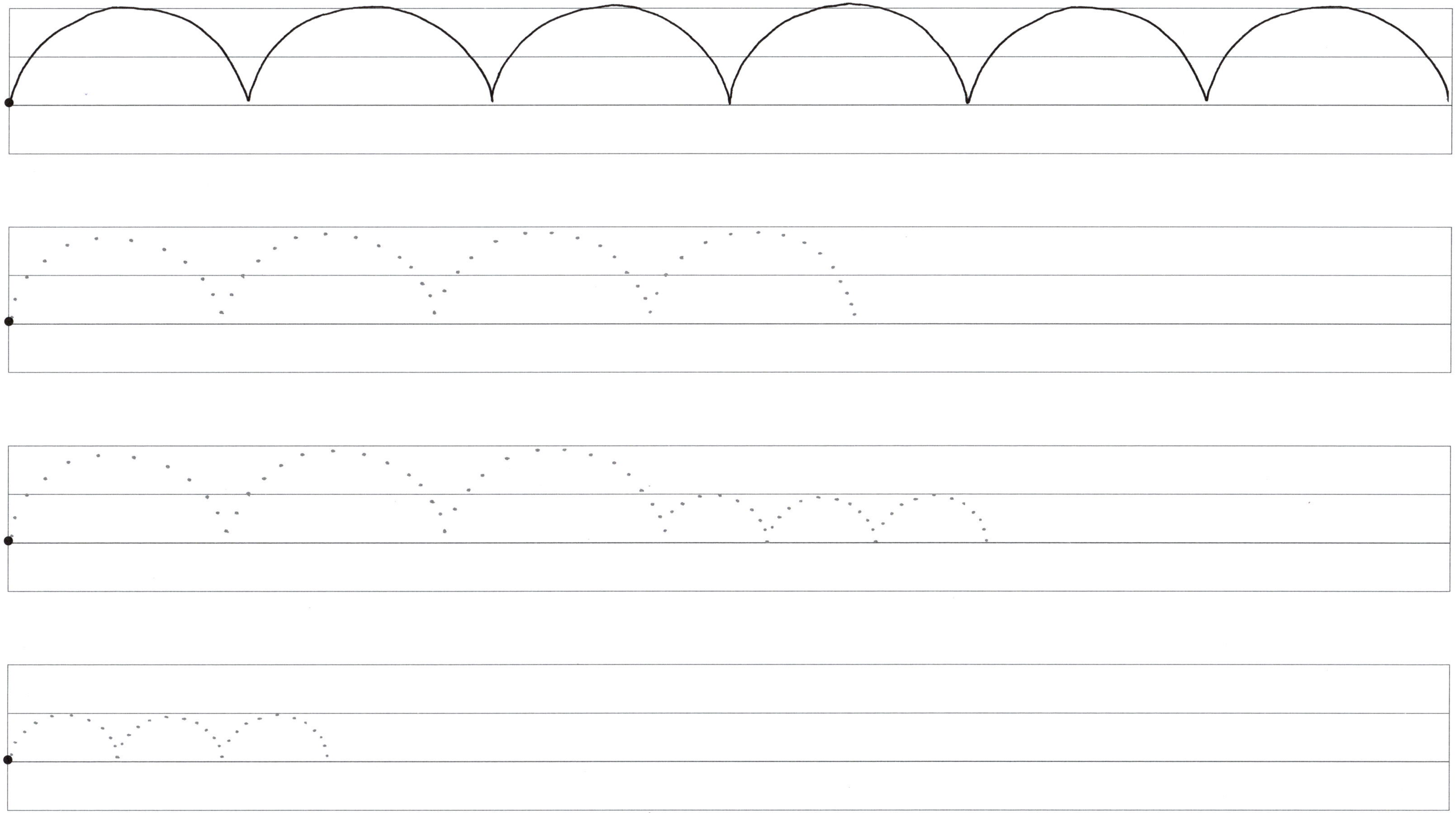

Sprünge der Bälle in dynamischen Bewegungen nachspuren und ergänzen

Bunter Schmetterling

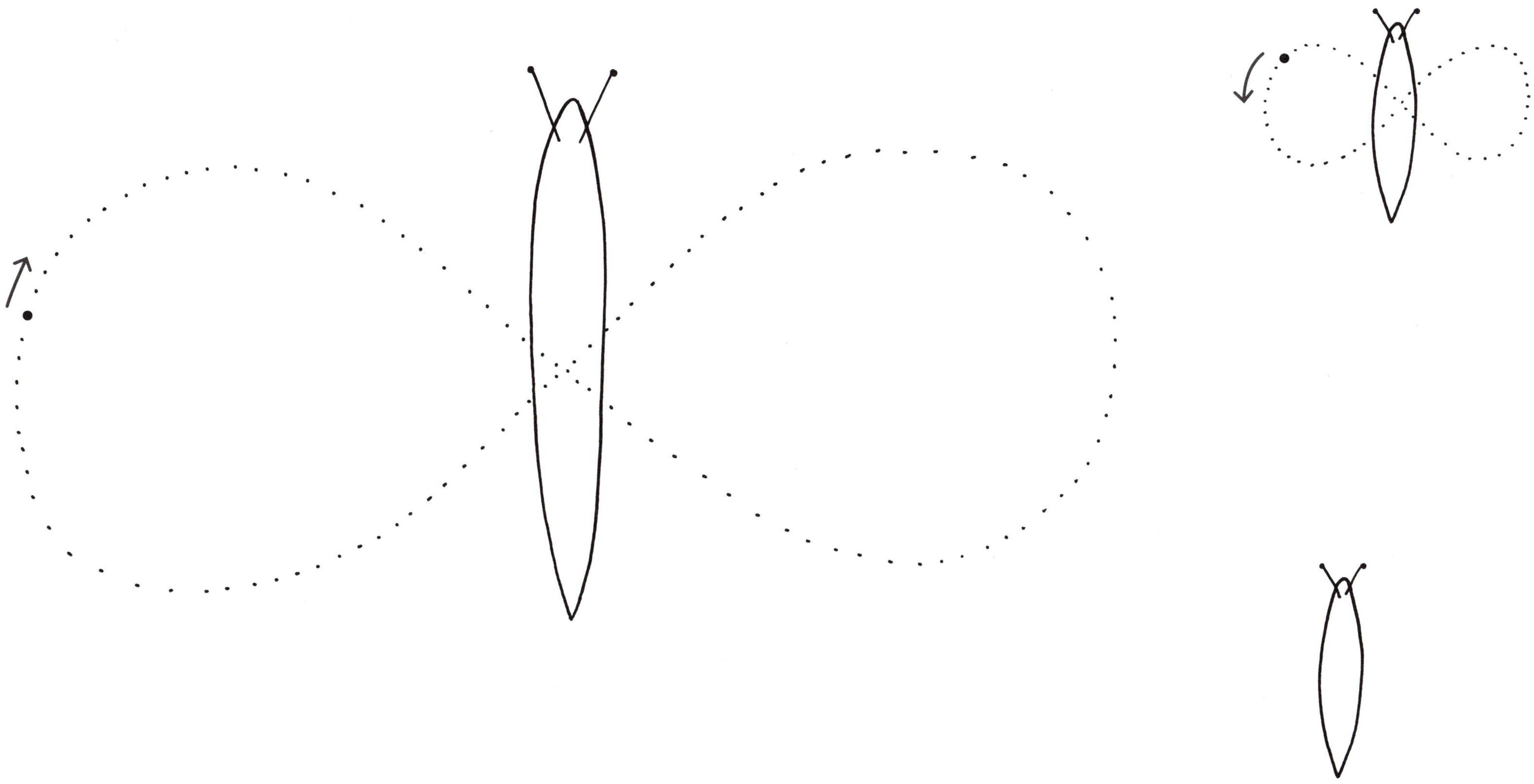

Liegende Acht von links nach rechts mit farbigen Stiften nachspuren; entstehende „Schmetterlingsflügel" weiter ausgestalten; Block mittig vor das Kind; auf überkreuzende Bewegung vor der Körpermitte achten

Turbulenter Ufo-Flug

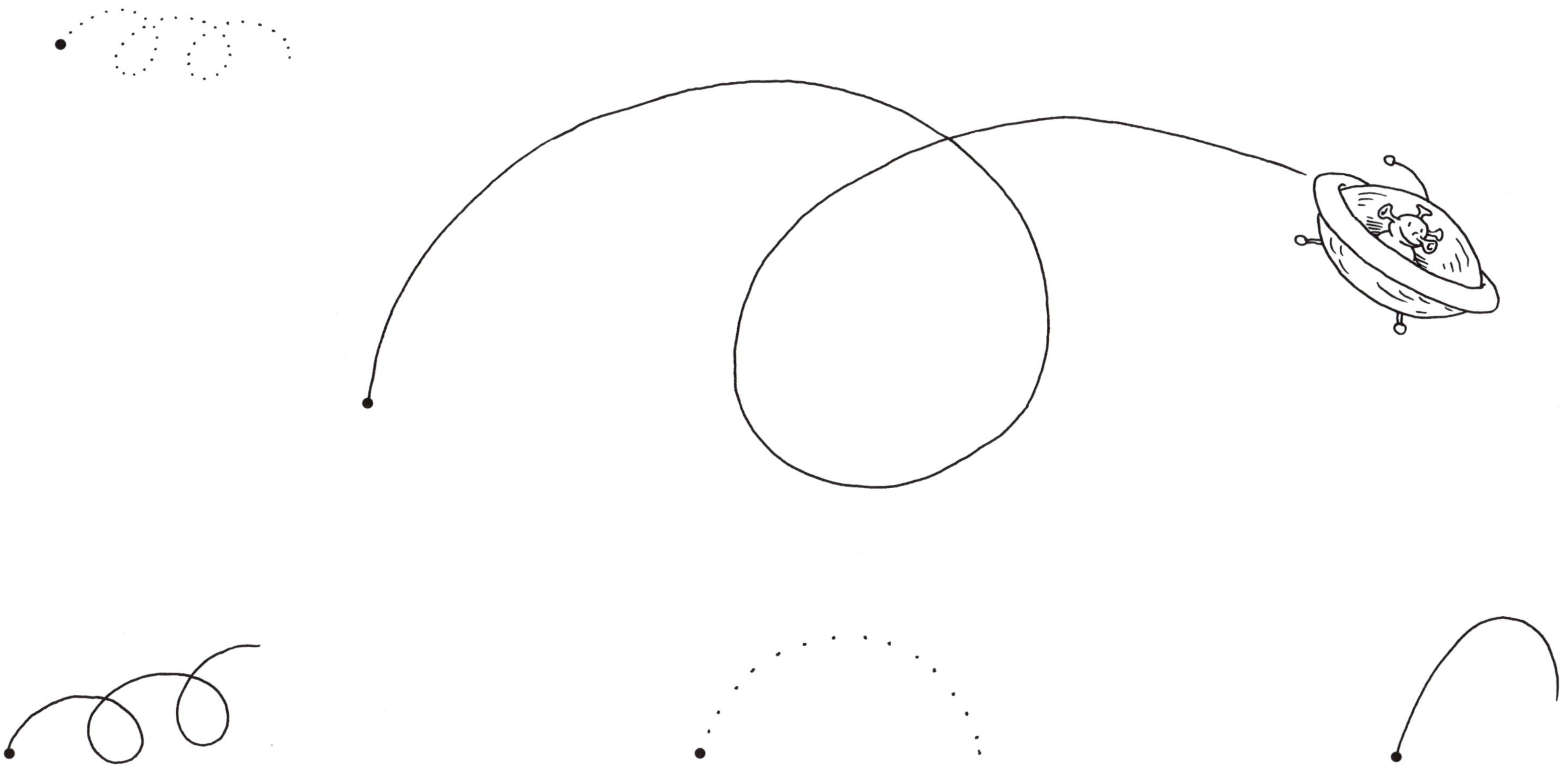

Und rum ...

Schlaufen nachspuren; rhythmisches Sprechen

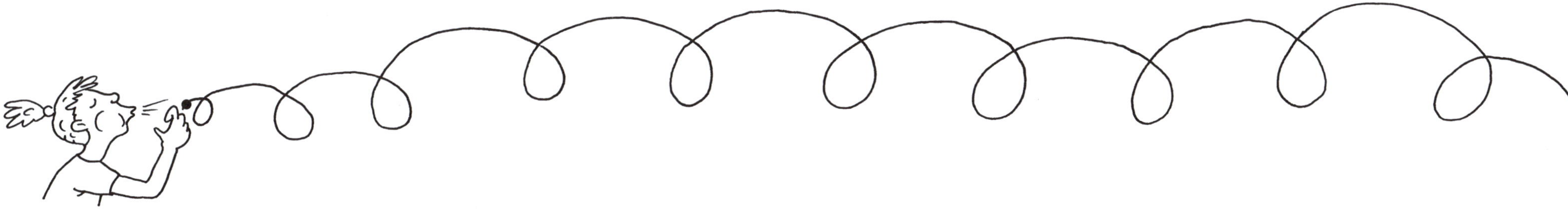

Schlingeldi, schlangelda ...

Schlaufenbewegung der Luftschlangen nachspuren, weiterführen; rhythmisches Sprechen

Lauter Kringel

Fortlaufende Schlaufen in Lineatur einpassen

Jetzt geht's rund, jetzt geht's rund!

Achterbahnspur dem Richtungspfeil entsprechend nachfahren, Linien nicht berühren,
Stift möglichst nicht absetzen

Das kannst du schon!

Schwungvoll nachspuren und Bewegung fortführen; Bewegungsablauf und Stifthaltung beobachten

Übungsseite zum freien Gestalten oder gezielten Üben

Punkt, Punkt, ...

... Komma, ...

... Strich, ...

... fertig ist
das Mondgesicht.

Punkt, Punkt, Komma, Strich, fertig ist das Mondgesicht.

Zum Vers entsprechend malen, weitere Mondgesichter ergänzen

So viele Seifenblasen

Übung 30

Und plopp, und plopp ...

Kreisbewegung vom Startpunkt gegen den Uhrzeiger beginnen; Startpunkt bleibt höchster Punkt des Kreises; auf unverkrampfte Stifthaltung achten; rhythmisches Sprechen

Jetzt geht's rund, rund und rund.

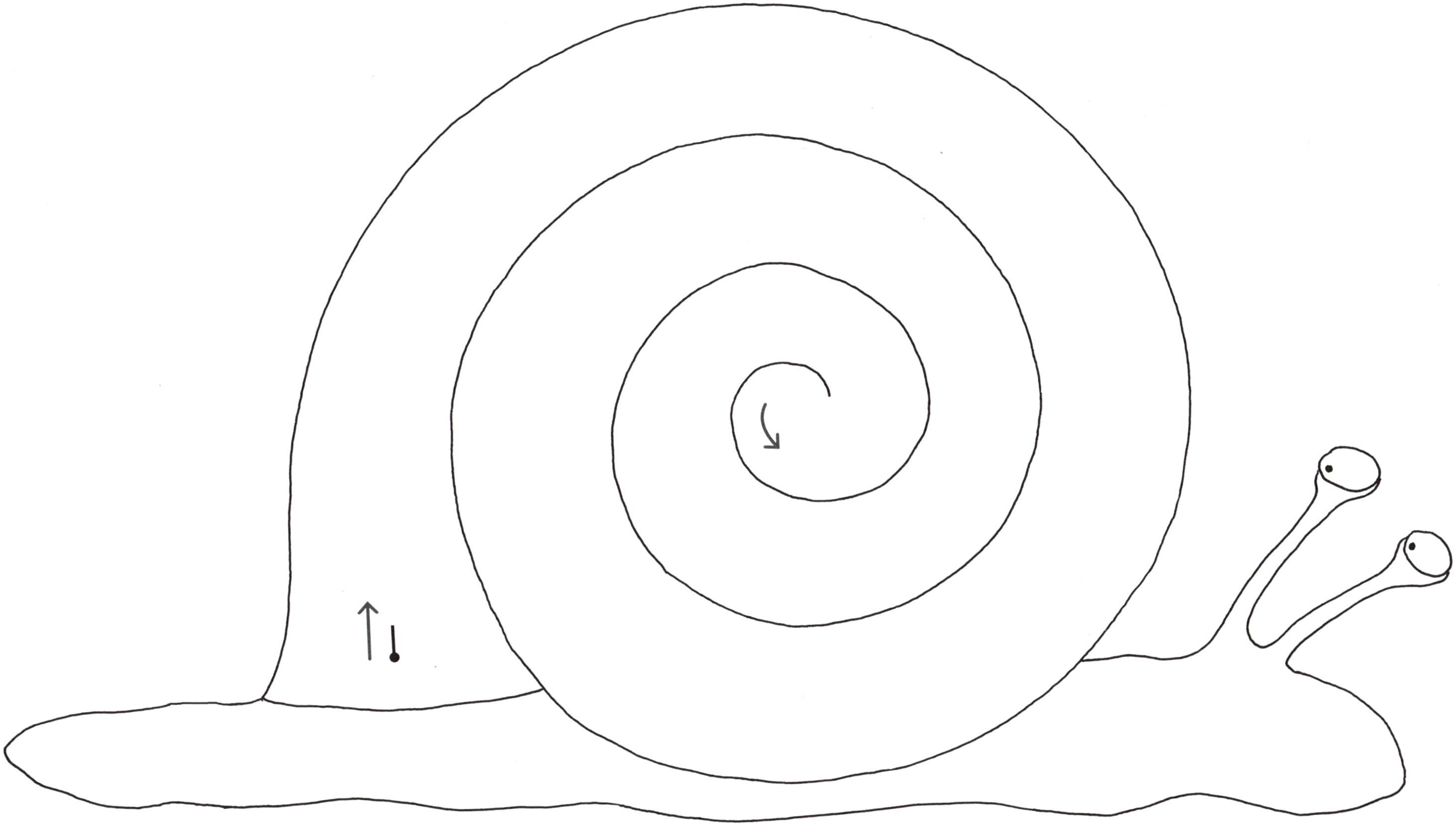

Ich bin die kleine Schnecke, ich krieche um die Ecke.

Spirale von außen nach innen mehrfach nachspuren, gleiche Strecke in andere Richtung zurückfahren

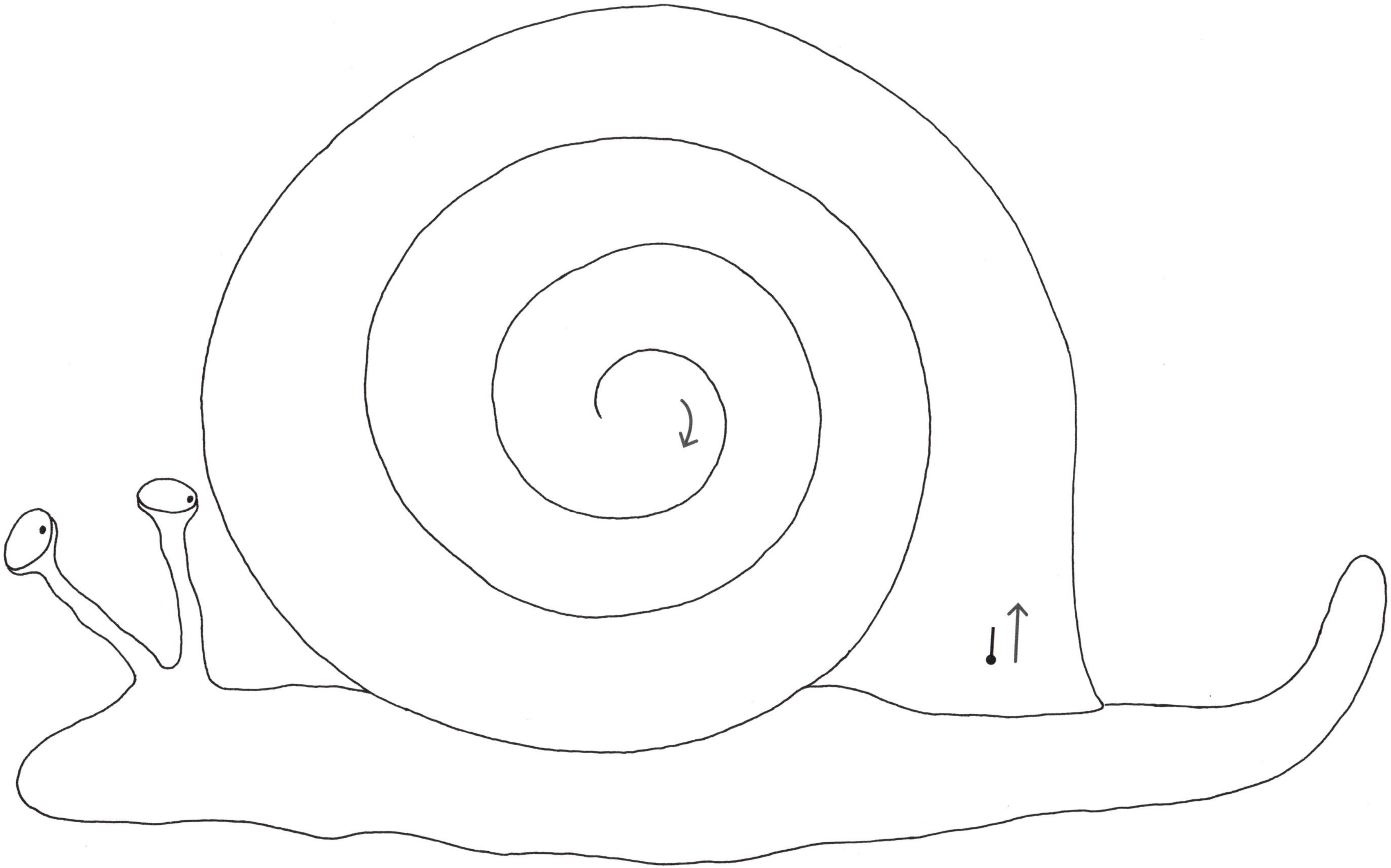

Ich bin die kleine Schnecke, ich krieche um die Ecke.

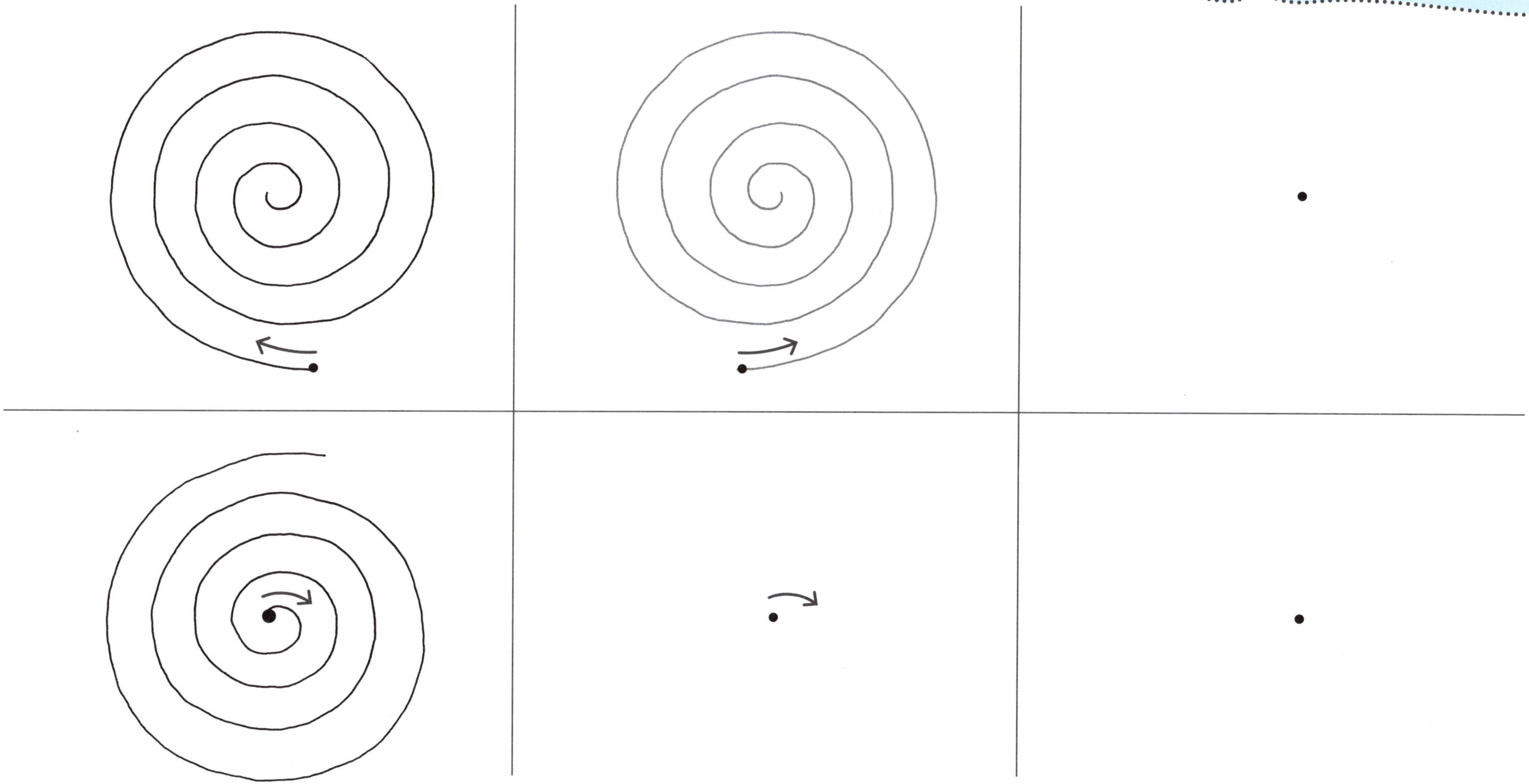

Schnecke, Schnecke komm heraus, komm aus deinem Schneckenhaus.

Bewegungsablauf in größer werdenden Spiralen mehrfach nachfahren, weiterführen; evtl. frei dazu gestalten

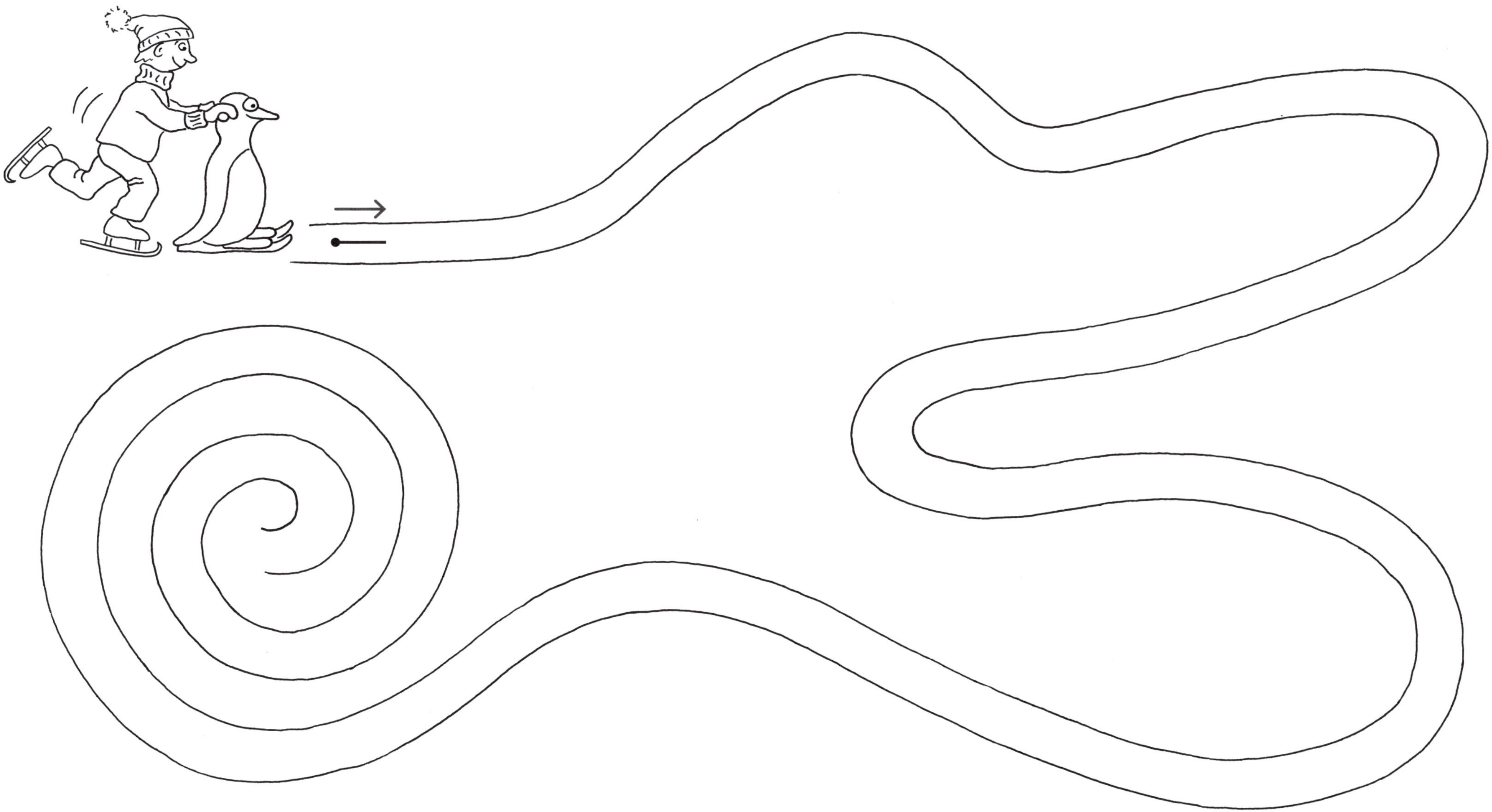

Dem Richtungspfeil entsprechend durch das Labyrinth fahren, Linien nicht berühren, Stift möglichst nicht absetzen

Eieiei

Ovale Form nachspuren, weitere Eier ins Gras zeichnen

Eins, zwei, drei – noch ein Ei!

Auweia, lauter Eier

Ovale in Lineatur einpassen; Bewegungsrichtung beachten

Zaun, Sterne und weitere Stacheln ergänzen

Regentropfen fallen ...

Gestrichelte Linie als Regentropfen einzeichnen; Strichführung möglichst von oben nach unten; weitere Striche ergänzen

Jumm – und rum

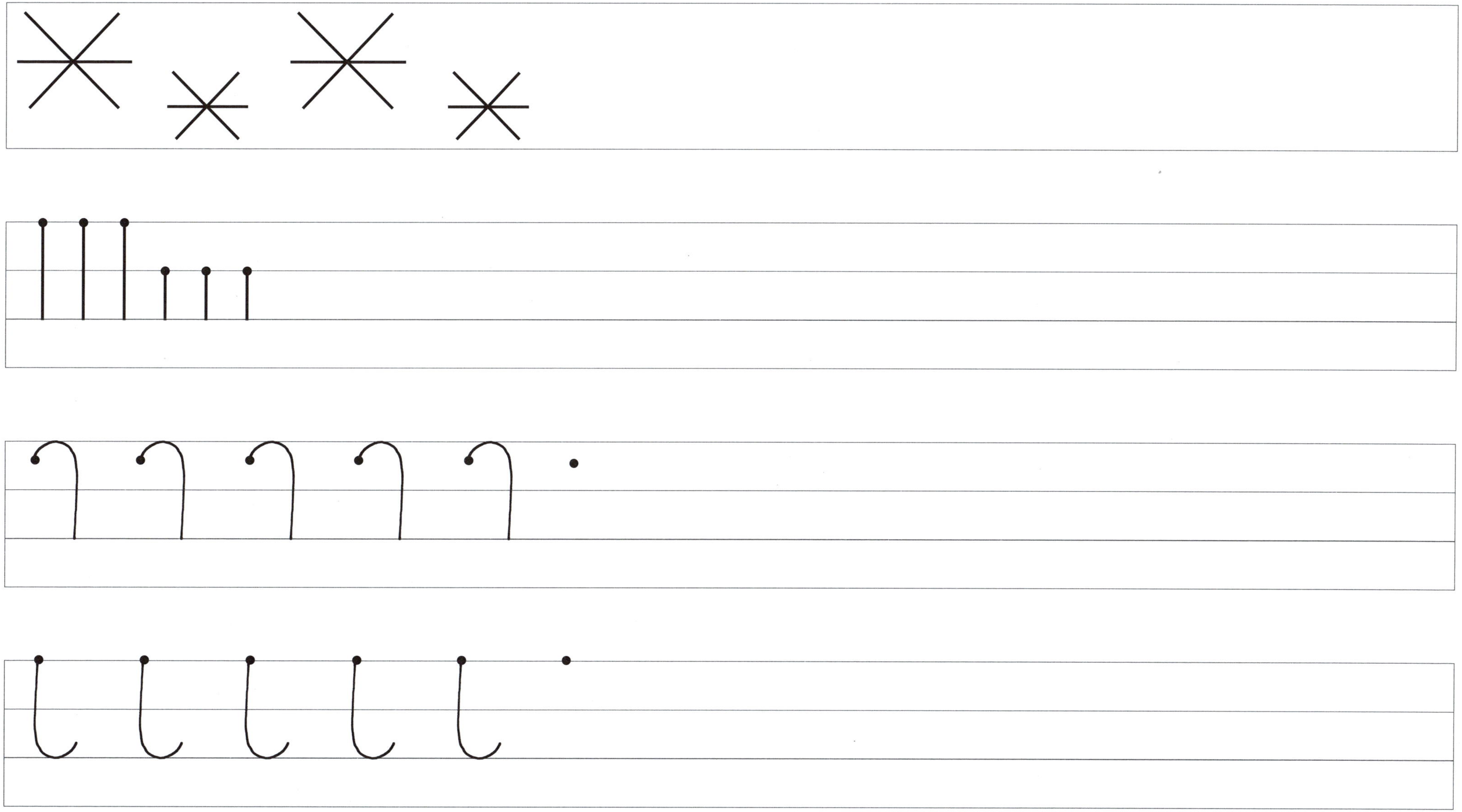

Senkrechte und gebogene Strichführung in Lineatur einpassen; Muster fortführen, selbst Muster erfinden

Hoch und platsch, hoch und platsch

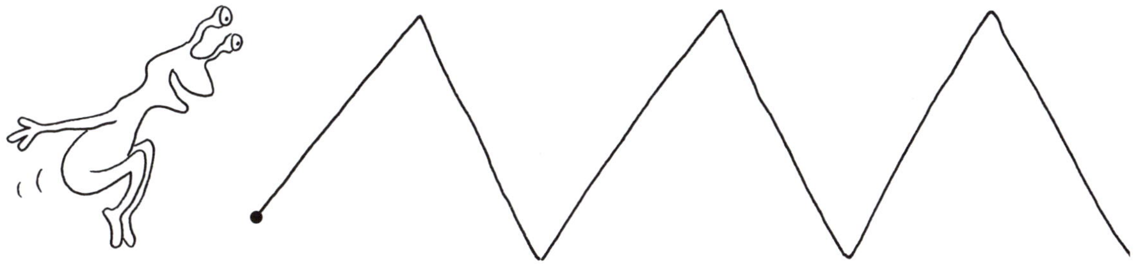

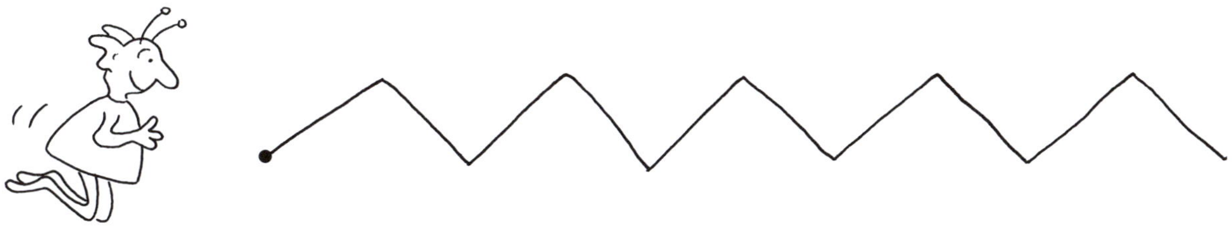

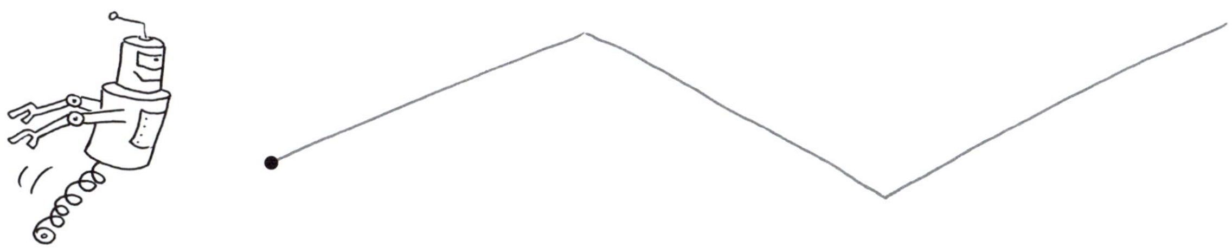

Zick-zack, zick-zack ...

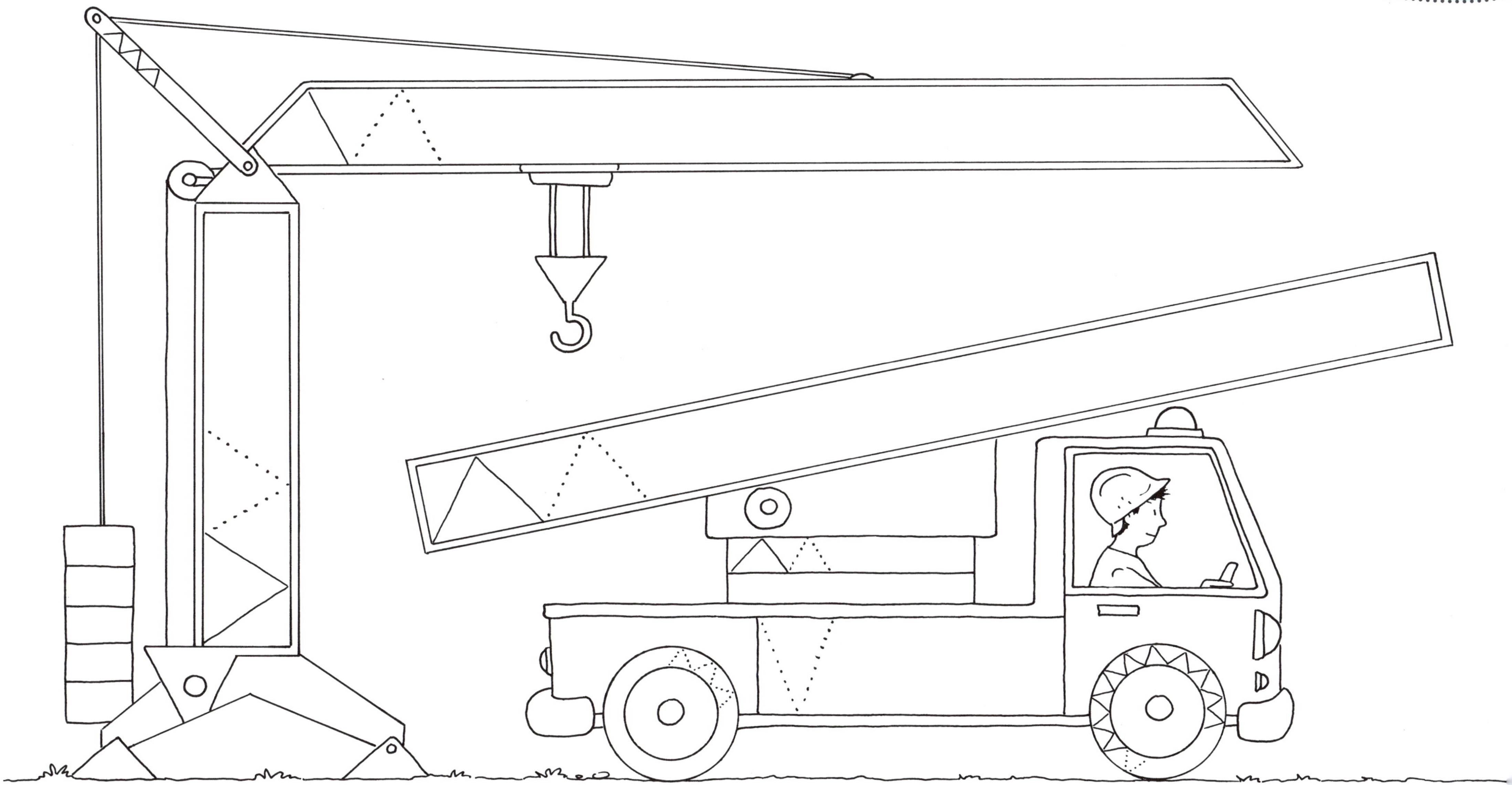

Zickzack-Muster suchen und nachspuren; Muster ergänzen

Dem Richtungspfeil entsprechend durch das Labyrinth fahren, Linien nicht berühren, Stift möglichst nicht absetzen; ergänzende Details dazumalen

Nachspuren und Bewegung fortführen; Bewegungsablauf/-richtung und Stifthaltung beobachten

Den Berg hinab.

Was ist das? Hoch, rüber, runter, Strich?

Übung 49

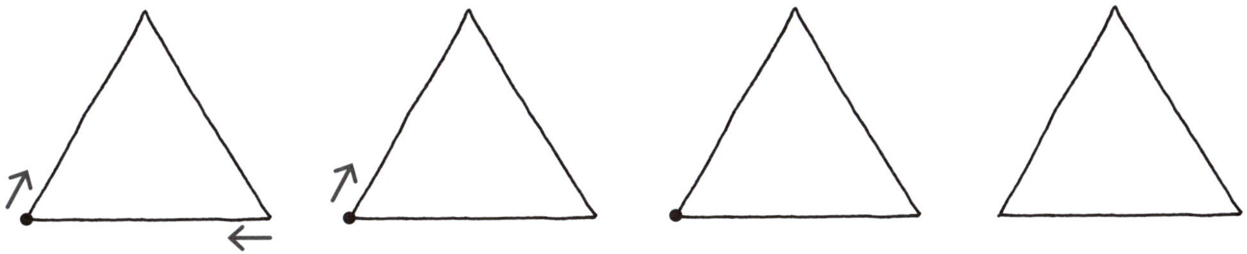

Spit-ze, Strich

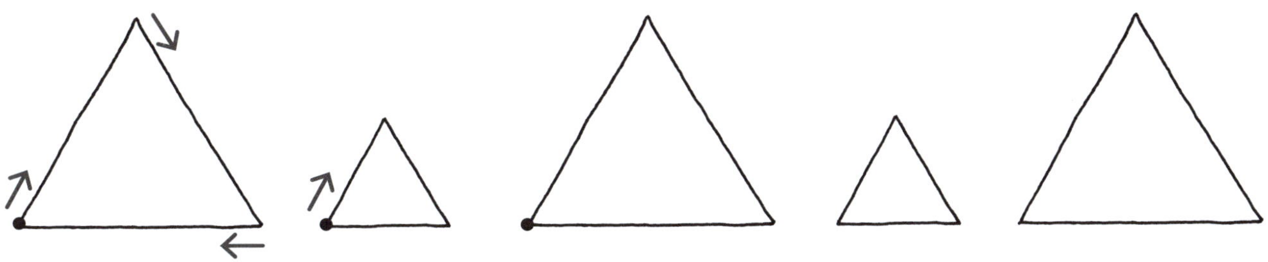

Hoch, rüber, runter, Strich

Geometrische Formen zeichnen; Bewegungsrichtung und Stiftführung beachten; rhythmisches Sprechen

Weltraum-Seifenblasen

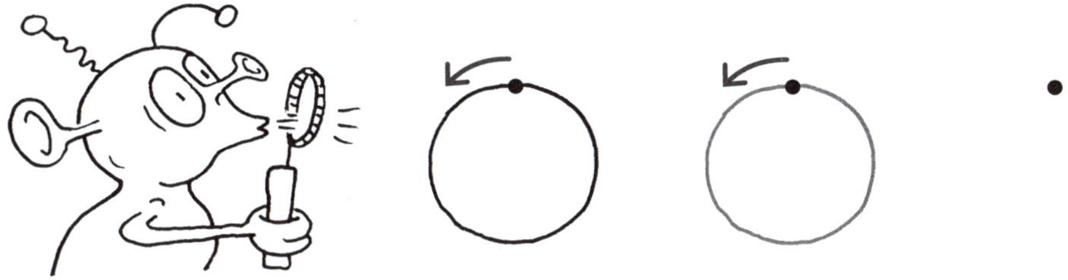

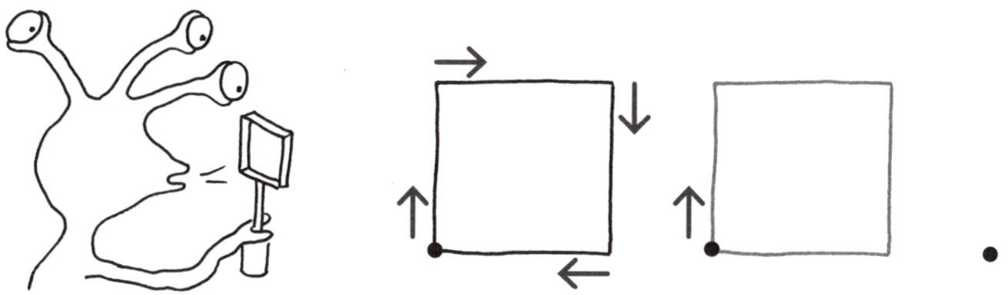

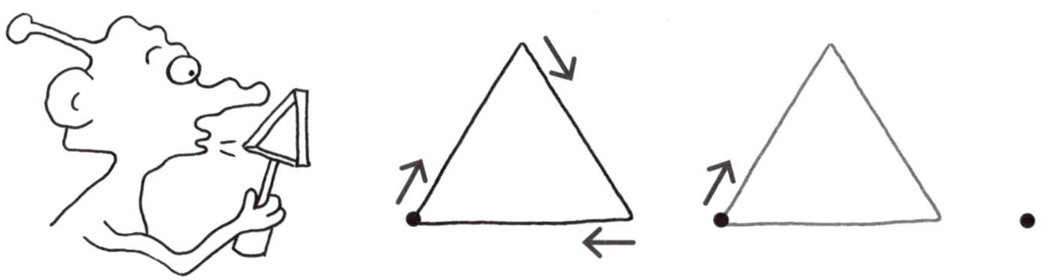

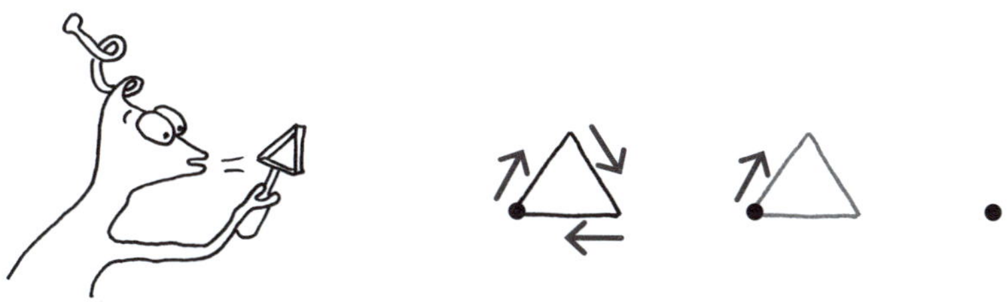

Geometrische Formen den Richtungspfeilen entsprechend nachspuren und ergänzen

Hier fehlt doch was!

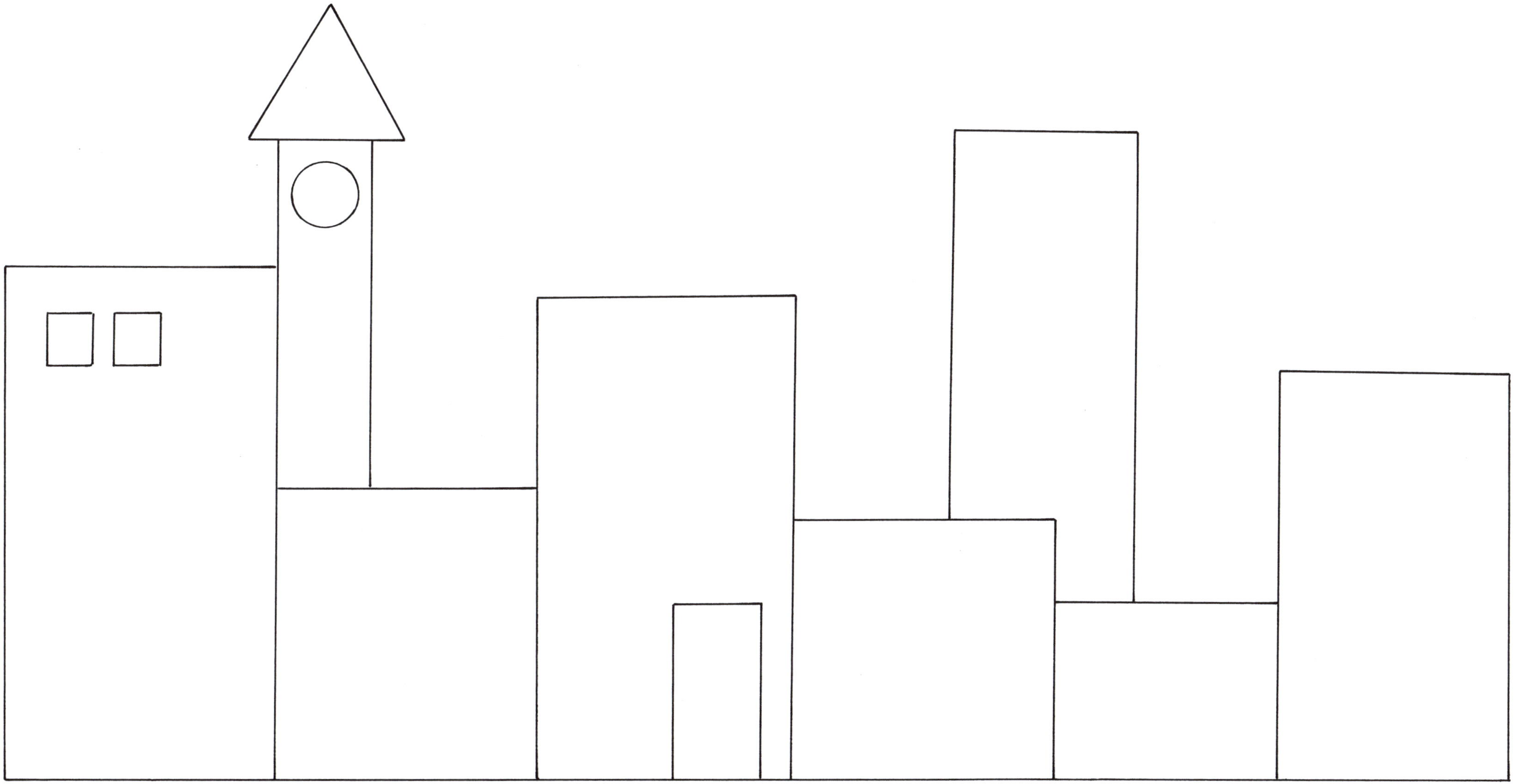

Geometrische Formen als Türen, Fenster, Türmchen ... nachmalen und ergänzen

Suche den richtigen Weg; Wege einzeichnen

Alle lieben Muster-Pullis

Wiederhole alle geometrischen Formen, gestalte mit eigenen Mustern

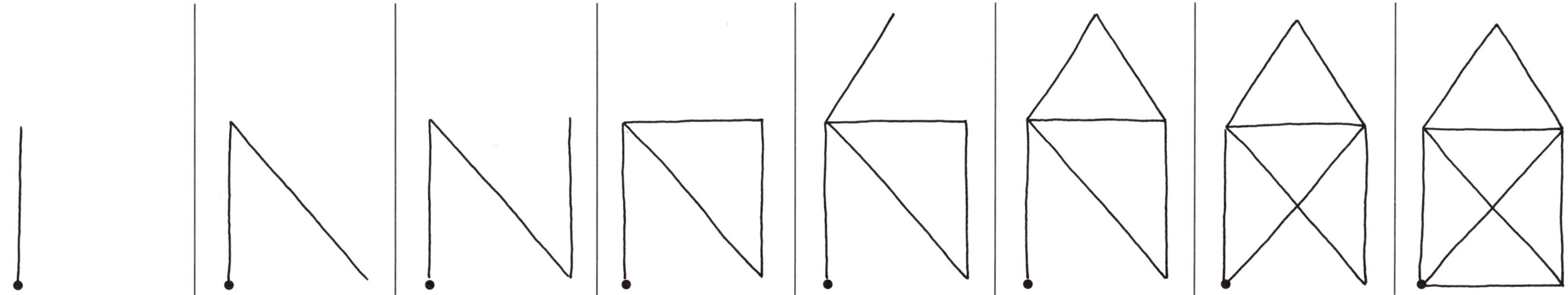

Das ... | ... ist ... | ... das ... | ... Haus ... | ... vom ... | ... Ni- ... | ... -ko- ... | ... -laus.

Das ist das Haus vom Nikolaus.

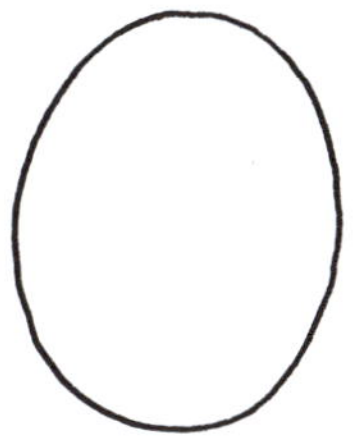

Ein Flugzeug
hat ’nen Bauch ...

... und zwei
runde Räder auch ...

... jetzt kommen noch die Flügel dran,
damit es richtig fliegen kann.

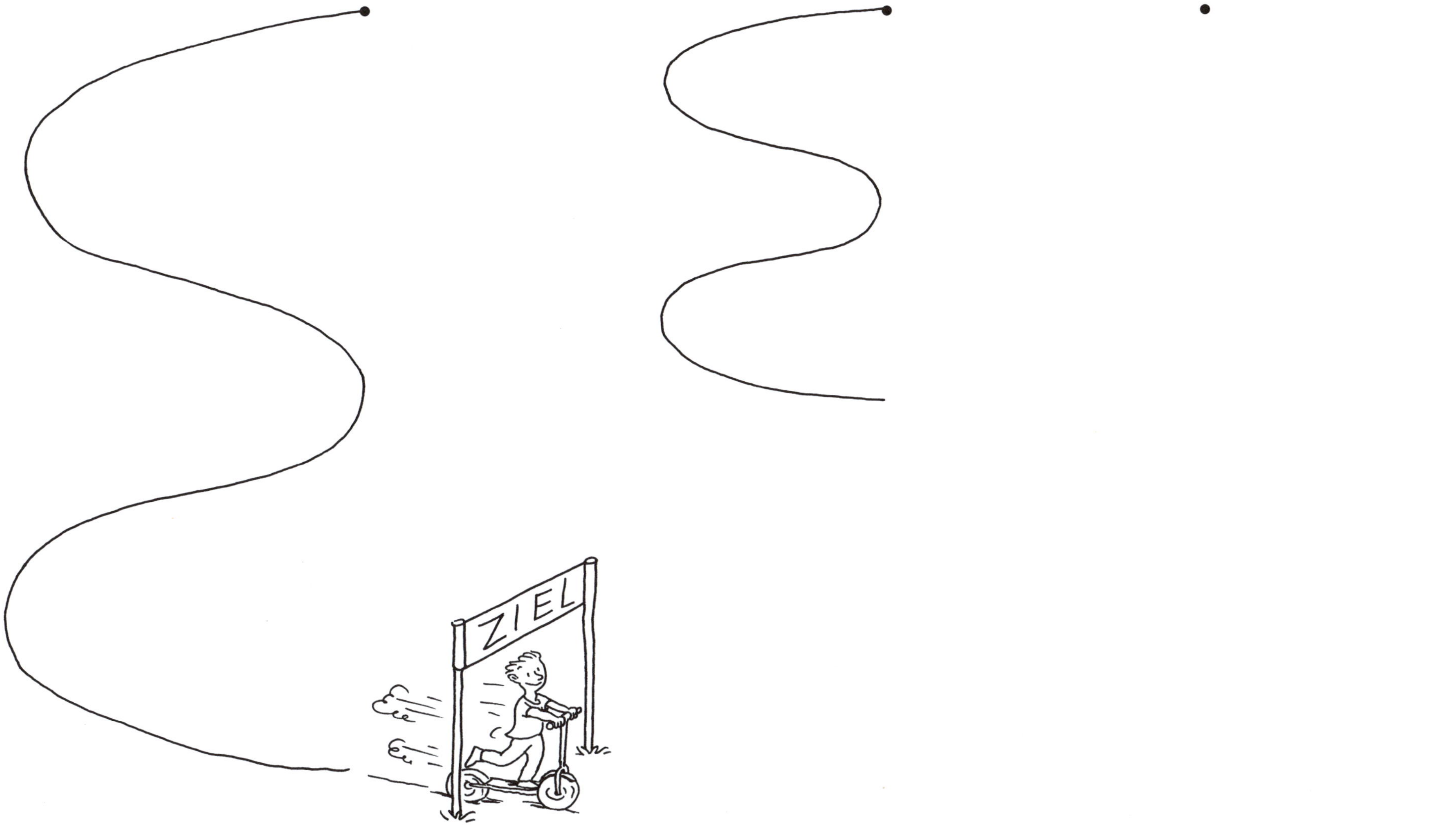

Immer schneller

Slalomspur mehrfach nachspuren, weiterführen

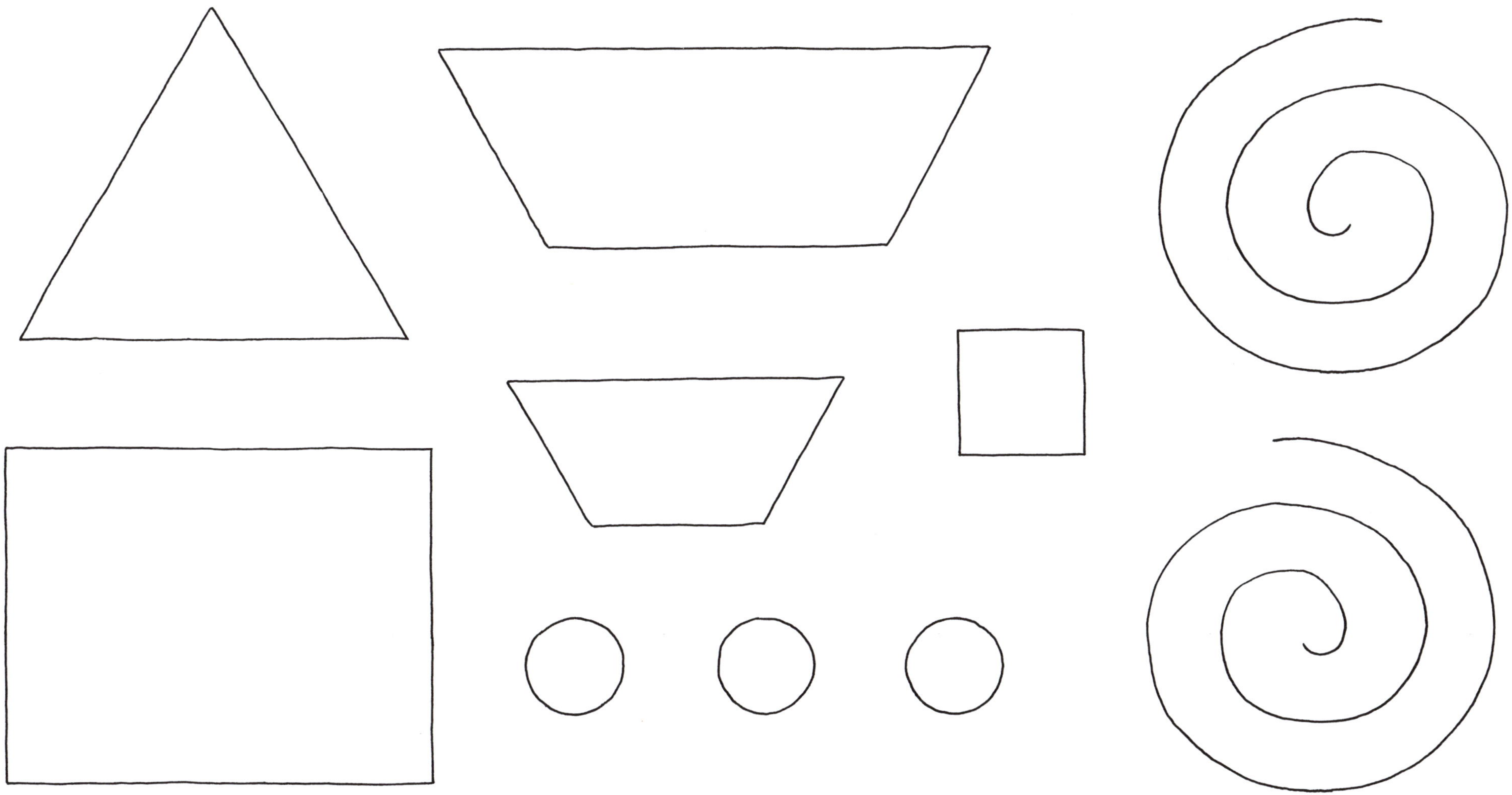

Formen zum Ausschneiden für Übung 58

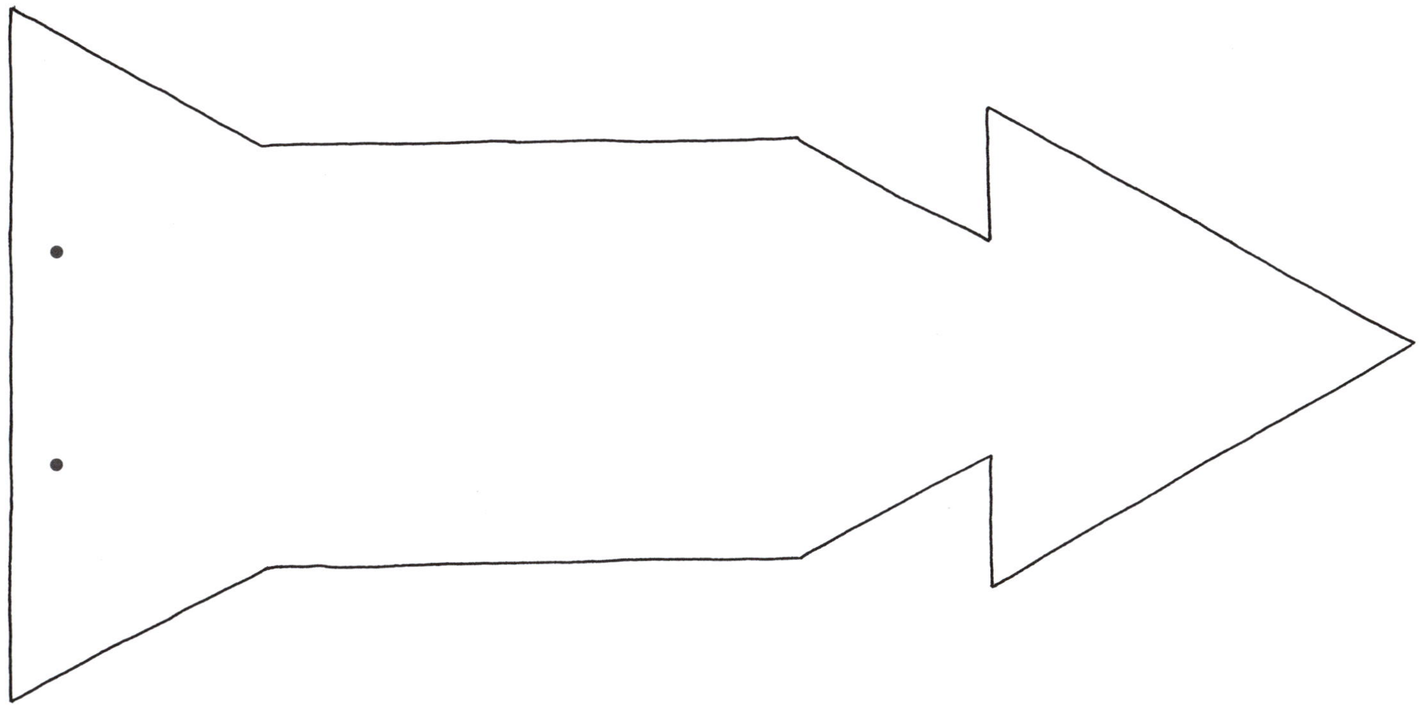

Umriss zum Aufkleben der Formen von Übung 57, ausgeschnittene Spirale als Raketenrauch an den Punkten ankleben

☐

Umgang mit dem Schwungübungsheft

Einleitung

Das großformatige Westermann Schwungübungsheft bereitet mit seinen aufeinander aufbauenden Übungen zur Graphomotorik auf Bewegungsmuster vor, die in der Vorschulzeit, dem Anfangsunterricht oder auch zu Hause Anregungen geben, Schrift vorbereitende Bewegungen mit dem Stift durchzuführen.

Die abverlangten Bewegungsmuster spiegeln Bewegungsrichtung sowie wesentliche Formen der Schrift wider und beinhalten Grundelemente der Druck- und Schreibschrift.
Die Anordnung der Übungen erfolgt von „einfacheren" fließenden Bewegungen hin zu zielgerichteten, komplexen und abschließend gegenständlichen Darstellungen.
Die Reihenfolge der Übungen sollte nicht vertauscht werden, da sie sich am Prozess der Mal- und Schreibentwicklung orientiert.

Die Schreibbewegung (Graphomotorik) ist ein Teilbereich der Feinmo-torik, der einer sehr genauen Steuerung der Handbewegung und einer guten Fingerbeweglichkeit bedarf.
Wie alle erlernten Fertigkeiten knüpft sie an verschiedene Vorerfahrungen an und ist von individuellen Voraussetzungen des Kindes sowie Umweltanregungen abhängig. Kinder, die viel malen und zeichnen, zeigen weniger Schwierigkeiten.

In Anbetracht der veränderten Lebenswelt sowie eines oft bewegungs-ärmeren Freizeitverhaltens verwundert es nicht, dass viele Kinder zu Schulbeginn noch Entwicklungsdefizite in der Feinmotorik haben.
Dies äußert sich beispielsweise in einer unökonomischen Stifthaltung, sie sind verkrampft, drücken zu stark auf, können Linien und Begrenzungen nicht einhalten oder weisen Unsicherheiten in der Handdominanz auf. Daraus wiederum resultiert eine unleserliche Schrift – und zwar unabhängig von Druck- und Schreibschrift.

Motorik und Sprache

Das Westermann Schwungübungsheft bietet zahlreiche Anknüpfungspunkte zu konkreten Alltagshandlungen und bindet diese in graphomotorische Übungen ein (z. B. geometrische Formen in Häuserreihen finden oder Arkaden an eine „hüpfende" Bewegung anknüpfen).

Im Sinne einer ganzheitlichen Förderung lassen sich Ansätze zur Sprach- und Bewegungsförderung ableiten. Diese werden durch ansprechende Illustrationen unterstützt. In den „Sprechversen" spiegelt sich die Verknüpfung von Sprache und Bewegung wider.
„Sprechverse" werden rhythmisch im Silbenrhythmus ausgesprochen und unterstützen somit Basiskompetenzen der phonologischen Bewusstheit. Zusätzlich begünstigen „Sprechverse" den rhythmischen unverkrampften Bewegungsablauf, indem sie die Dynamik der Bewegung stützen.

Stifthaltung Rechts- Linkshänder

Eine ökonomische Stifthaltung (Dreipunktgriff) entwickelt sich in der Regel aus dem Pinzettengriff zwischen Zeigefinger und Daumen. Diese beiden Finger sind besonders beweglich und empfindsam, weshalb sie den Stift führen sollten. Dem Mittelfinger kommt eine stützende Funktion zu, indem der Stift quasi darauf abgelegt wird.
Die Bleistiftspitze ist bei der Schreibbewegung somit eine Art Verlänge-rung der Finger. Informationen über Druck, Untergrund und Bewegungs-steuerung werden über den Stift erspürt.
Je nach Schreibhand gibt es dabei Folgendes zu beachten.

Für Rechtshänder gilt:

- Gerade, aufrechte, unverkrampfte Sitzhaltung
- Füße haben Bodenkontakt
- Schulhefte/Arbeitsblätter leicht nach rechts verschoben, etwas nach links geneigt
- Unterarme liegen auf der Arbeitsfläche auf
- Schreibhand hat mit der Handkante und Kleinfingerseite Kontakt zum Arbeitsblatt oder Tisch

Umgang mit dem Schwungübungsheft

- Stift wird im Dreipunktgriff gehalten
- passive Hand liegt auf dem Arbeitsblatt und vermeidet dadurch ein Verrutschen
- Schreibbewegung wird durch die vorderen Gelenke von Zeigefinger und Daumen (nicht aus dem Handgelenk!) gesteuert

Für Linkshänder gilt:

Die Schreibbewegung von Linkshändern geht in Richtung Körpermitte. Das bereits Geschriebene wird oft von der Schreibhand überdeckt. Deshalb neigen viele Linkshänder dazu, im Handgelenk sehr stark abzuknicken und quasi von oben zu schreiben. So wird für sie der Text sichtbar. Diese Handhaltung ist jedoch auf Dauer eher unvorteilhaft und führt zu Verkrampfungen; deshalb ist bereits früh auf eine bewegungs-ökonomische Stifthaltung zu achten.

Erfahrungsgemäß benötigen Linkshänder mehr Schreibtraining als Rechtshänder, um eine flüssige Schrift zu erlernen.

- Gerade, aufrechte, unverkrampfte Sitzhaltung
- Füße haben Bodenkontakt
- Schulhefte/Arbeitsblätter liegen von der Körpermitte nach links ver-schoben, etwas nach rechts geneigt (ca. 30 Grad)
- Unterarme liegen auf der Arbeitsfläche auf (nicht „schwebend“, noch abgewinkelt!)
- Hand bleibt in gerader Verlängerung des Unterarms
- Schreibhand hat mit der Handkante und Kleinfingerseite Kontakt zum Arbeitsblatt oder Tisch und bleibt möglichst unter der Schreiblinie
- (kein Verwischen des Geschriebenen)
- Stift wird im Dreipunktgriff gehalten
- passive Hand liegt auf dem Arbeitsblatt und vermeidet dadurch ein Verrutschen
- Schreibbewegung muss viel stärker „aus den Fingern“ gesteuert werden und wird durch die vorderen Gelenke von Zeigefinger und Daumen (nicht aus dem Handgelenk!) gesteuert

Vorübungen zur Graphomotorik

Voraussetzungen für eine gelingende Schrift sind gezielte Steuerung (visu-motorische Koordination) und ein Gespür für das Papier als Schreibunterlage (taktil-kinästhetische Wahrnehmung, Kraftanpassung). Sind diese Fertigkeiten noch nicht hinreichend ausgebildet, sind vor-bereitende Übungen hilfreich.

Einige Beispiele:

- Perlen sortieren (Pinzettengriff)
- Tischhockey: Metallkugeln werden mit Stiften (Dreipunktgriff) über den Tisch in Tore gekickt
- Formen zunächst mehrfach an der Tafel oder mit Straßenkreide großflächig aufmalen und nachspuren lassen; Linien ablaufen
- Großflächige „Muster“ zunächst mit dem Zeigefinger der Schreibhand nachspuren oder mit einem Knopf/Plättchen die Spur mit dem Finger schiebend entlangfahren
- Knöpfe können auch mit Schaschlikspießen oder minenlosen Stiften (Dreipunktgriff) durch die Labyrinthe geschoben werden
- Linien mit Bleistift auf unterschiedlichem Untergrund nachspuren, geeignet sind Papier, Wellpappe, Strukturtapete, Raufaser ...

Arbeiten mit dem Schwungübungsheft

Die Aufgaben sind durch beispielhafte Vorgaben und Anfänge überwiegend selbsterklärend. Angefangene oder gepunktete Linien sollen von den Kindern weitergemalt werden.
Die kurze Kommentarzeile am unteren Seitenrand enthält ergänzende Informationen zur Durchführung.

Bietet sich ein passender „Sprechvers“ zur Unterstützung der Bewegung oder Motivation an, so ist er auf der Übungsseite vermerkt. Graphische Hinweise unterstützen dabei den angestrebten Sprechrhythmus. Der Anfangspunkt für den Stift ist immer mit einem dickeren Punkt gekennzeichnet („Anfasser“, Startpunkt). Damit das Kind auch in der beabsichtigten Richtung nachspurt, unterstützt ein Pfeil im Zweifelsfall die Bewegungsrichtung. In der Regel

wird die Schreib- und Leserichtung unterstützt.

Linien sollten grundsätzlich mehrfach und verschiedenfarbig nachgespurt werden, um den Übungseffekt zu erhöhen.
Freie Flächen und Illustrationen regen an, diese auszumalen bzw.
Bewegungen eigenständig weiterzuführen.

In der unteren rechten Ecke befindet sich ein Kästchen, das das Kind abhakt und so die Seiten kennzeichnet, welche es bereits bearbeitet hat. So wird eine wichtige Arbeitstechnik der Schulzeit propädeutisch vorbereitet.

Die letzten Seiten zum Ausschneiden und Aufkleben nehmen eine Sonderstellung ein und bieten einen diagnostischen Blick auf die Fingerfertigkeit beim erweiterten „Werkzeuggebrauch" sowie die visuelle Wahrnehmung (räumliche Vorstellung).

Die Illustrationen geben Anregungen zu einem abwechslungsreichen, lebensnahen sowie handlungsorientierten Einstieg. Unterschiede des Erfahrungshorizonts können ausgeglichen werden, indem z. B. alle Kinder zunächst gemeinsam Sackhüpfen, Seifenblasen pusten oder eine Schatzsuche mit geometrischen Formen (Dreieck-, Kreis-, ViereckGruppe) als „Pfad" aufmalen, bevor diese Tätigkeiten im Bewegungsmuster des Westermann Unterrichtsmaterialien Schwungübungsheftes nachvollzogen werden.
Hilfreich für die Einführung und das Training der Bewegungssteuerung ist es, neue Linien oder Formen zunächst großflächig an der Tafel, auf Tapete oder auf dem Hof mit Straßenkreide nachspuren und aufmalen
zu lassen.

Zu anderen Übungsinhalten passen entsprechende Kinderlieder (Übung 12: „Wellenlinien" = „Jetzt fahr'n wir über'n See... / Übung 40: „Striche als Regentropfen" = Regenlied). Leise klassische Musik oder Entspannungsklänge können zusätzlich einen entspannenden Rahmen schaffen, der sich deutlich vom unruhigen oder auch leistungsfordernden Alltag abhebt.

Oft ist das Malen oder Schreiben bereits durch eine Fülle von Misserfolgserlebnissen negativ belastet. Wesentlich ist, dass die Kinder beim Malen (oder später Schreiben) ohne Leistungsdruck arbeiten können und sich trotz Schwierigkeiten an ihrer Arbeit und dem Ergebnis erfreuen.

Beobachtungsbogen

Graphomotorik ist ein komplexer Vorgang, der sich zum einen in Teilfunktionen zergliedert und der zum anderen durch Weiterentwicklungen geprägt ist. Diese Entwicklung gilt es im angefügten Beobachtungsbogen zu dokumentieren.

Beobachtungsbögen sind jedoch Momentaufnahmen der Entwicklung eines Kindes und dokumentieren nicht immer den Werdegang. Um
den Entwicklungsprozess dennoch festzuhalten, empfiehlt es sich, die Auswertung zu verschiedenen Zeitpunkten zu wiederholen, indem die unterschiedlichen Dokumentationsdaten mit je einem andersfarbigen Stift in den selben Bogen eingetragen werden.

Der Beobachtungsbogen gliedert sich in einen übergreifenden und einen übungsspezifischen Teil. Beim Malen, Nachspuren, Sprechen und Schneiden bietet sich die Chance, auch andere „schulrelevante" Bereiche zu beobachten.
Als wesentliche Ergänzungen wurden Beobachtungen zum Arbeitsverhalten und zu sprachlichen Kompetenzen integriert.

Alle angegebenen Stichpunkte sind als Anregung zu verstehen, sie erheben keinesfalls den Anspruch auf Vollständigkeit oder den Ersatz einer z. B. ergotherapeutischen Untersuchung.
Anhand der Auswertung lassen sich jedoch Eltern- oder Informationsgespräche mit außer- und innerschulischen Experten zielgerichteter führen.

Beobachtungsbogen

Name des Kindes: Alter:

Bereiche	Dokumentation / Beurteilung	Beobachtungen / Datum (Empfehlungen, Förderung, Ergebnisse)
Sprachliche Fertigkeiten		
Sprachliche Auffälligkeiten	☐ nein ☐ ja Welche ☐ ______________________________	
Sprachverständnis	☐ gut ☐ mittel ☐ schwach ☐ braucht Hilfestellung ☐ unzureichend ☐ ______________________	
Aufgabenver-ständnis	☐ gut ☐ mittel ☐ schwach ☐ braucht Hilfestellung ☐ unzureichend ☐ ______________________	
Sprechverse	☐ lernt schnell ☐ gut ☐ braucht Hilfestellung ☐ rhythmisch ☐ arhythmisch ☐ unzureichend	
Arbeitsverhalten		
Motivation	☐ gut ☐ beständig ☐ mittel ☐ unterschiedlich ☐ sprunghaft ☐ unzureichend ☐ keine	
Ausdauer	☐ gut ☐ mittel ☐ schwach ☐ braucht Hilfestellung ☐ schnell abgelenkt ☐ unzureichend	
Arbeitsverhalten / Durchführung	☐ genau ☐ sorgfältig ☐ mittel ☐ unterschiedlich ☐ ungenau ☐ unordentlich ☐ braucht Hilfestellung ☐ unzureichend ☐ verweigernd	

Erneute Dokumentation empfohlen: ja ☐ nein ☐ Durchgeführt am: Elterngespräch: ja ☐ nein ☐ Durchgeführt am:

Beobachtungsbogen

Name des Kindes: Alter:

Bereiche	Dokumentation / Beurteilung	Beobachtungen / Datum (Empfehlungen, Förderung, Ergebnisse)
Bewegungsablauf		
Händigkeit	☐ rechts ☐ links ☐ unklar	
Stifthaltung	☐ 3-Punktgriff ☐ Pfötchengriff ☐ Faustgriff ☐ verkrampft ☐ wechselnd ☐ stimmig ☐ locker ☐ ________________________________ ______________	
Drucksteuerung	☐ stimmig ☐ schwach ☐ zu stark ☐ schwankend ☐ ________________________	
Bewegungskontrolle	☐ zielgerichtet ☐ flüssig ☐ suchend ☐ unterbrochen ☐ überschießend ☐ eingeschränkt in Lineatur: ☐ gelingt ☐ teilweise ☐ noch nicht großräumig: ☐ gelingt ☐ teilweise ☐ noch nicht kleine Vorlagen: ☐ gelingt ☐ teilweise ☐ noch nicht	
Bewegungsrichtung	☐ sicher ☐ in Schreibrichtung ☐ gegen Schreibrichtung ☐ wechselnd ☐ unökonomisch ☐ unsicher	
Raum-Lage-bezeichnung	☐ sicher ☐ unterschiedlich ☐ unsicher optische Begrenzung: ☐ einhaltend ☐ tangierend ☐ verlassend Bewegungsrichtung: ☐ sicher ☐ unsicher ☐ falsche Richtung ☐ Spiegelungen ☐ ______________ Richtungswechsel: ☐ sicher ☐ unterbrochen ☐ problematisch ☐ unsicher rechtsherum: ☐ gelingt ☐ schwächer ☐ gelingt nicht linksherum: ☐ gelingt ☐ schwächer ☐ gelingt nicht Überkreuzung der Mittellinie: ☐ ja ☐ nein ☐ unsicher	

Erneute Dokumentation empfohlen: ja ☐ nein ☐ Durchgeführt am: ______ Elterngespräch: ja ☐ nein ☐ Durchgeführt am: ______

Beobachtungsbogen

Name des Kindes: Alter:

Bereiche	Dokumentation / Beurteilung	Beobachtungen / Datum (Empfehlungen, Förderung, Ergebnisse)
Gezielter Strich		
Waagerecht/ senkrecht/gebogener Strich/Verbinden (1, 2, 33, 40, 41, 42, 43)	Bewegungsablauf gelingt ... ☐ sicher ☐ unterschiedlich ☐ überwiegend ☐ unsicher ☐ nicht ☐ nur großräumig ☐ fließend ja/nein ☐ in Lineatur ja/nein ☐ beim Nachspuren ja/nein ☐ frei	
Schaukel + Bogen (3, 4, 17)	Bewegungsablauf gelingt ... ☐ sicher ☐ unterschiedlich ☐ überwiegend ☐ unsicher ☐ nicht ☐ nur großräumig ☐ fließend ja/nein ☐ in Lineatur ja/nein ☐ beim Nachspuren ja/nein ☐ frei	
Fortlaufende Linien		
Girlanden/Wellen/ Arkaden/Zickzack/ Slalom (5, 6, 7, 12, 13, 14, 18, 19, 20, 21, 44, 45, 47, 48, 52, 56)	Bewegungsablauf gelingt ... ☐ sicher ☐ unterschiedlich ☐ überwiegend ☐ unsicher ☐ nicht ☐ nur großräumig ☐ fließend ja/nein ☐ in Lineatur ja/nein ☐ beim Nachspuren ja/nein ☐ frei	
Girlanden mit Schleifen/Arkaden mit Schlaufen (8, 9, 10, 23, 24, 25, 27)	Bewegungsablauf gelingt ... ☐ sicher ☐ unterschiedlich ☐ überwiegend ☐ unsicher ☐ nicht ☐ nur großräumig ☐ fließend ja/nein ☐ in Lineatur ja/nein ☐ beim Nachspuren ja/nein ☐ frei	

Erneute Dokumentation empfohlen: ja ☐ nein ☐ Durchgeführt am: Elterngespräch: ja ☐ nein ☐ Durchgeführt am:

Name des Kindes: Alter:

Beobachtungsbogen

Bereiche	Dokumentation / Beurteilung	Beobachtungen / Datum (Empfehlungen, Förderung, Ergebnisse)
Übungen mit optischer Begrenzung		
Labyrinth (11, 26, 35, 46)	Bewegungsablauf gelingt ... ☐ sicher ☐ unterschiedlich ☐ überwiegend ☐ unsicher ☐ nicht ☐ nur großräumig ☐ bleibt innerhalb der Begrenzungen ja/nein Richtungswechsel ... ☐ sicher ☐ unterschiedlich ☐ überwiegend ☐ unsicher	
Liegende Acht + Schnecke (15, 16, 22, 32, 33, 34)	Bewegungsablauf gelingt ... ☐ sicher ☐ unterschiedlich ☐ überwiegend ☐ unsicher ☐ nicht ☐ nur großräumig ☐ bleibt innerhalb der Begrenzungen ja/nein Richtungswechsel ... ☐ sicher ☐ unterschiedlich ☐ überwiegend ☐ unsicher	
Gezieltes Zeichnen		
Geometrische Formen (29, 30, 31, 36, 37, 38, 49, 50, 51, 53)	Bewegungsablauf gelingt ... ☐ sicher ☐ unterschiedlich ☐ unsicher ☐ nicht ☐ bleibt innerhalb der Begrenzungen ja/nein Bewegungsrichtung ... ☐ stimmig ja/nein ☐ unsicher	
Gegenständliches Zeichnen (28, 54, 55)	Bewegungsablauf gelingt ... ☐ sicher ☐ unterschiedlich ☐ unsicher ☐ nicht ☐ bleibt innerhalb der Begrenzungen ja/nein Bewegungsrichtung ... ☐ stimmig ja/nein ☐ unsicher	
Ausmalen	☐ gelingt ☐ malt über ☐ unsicher ☐ gelingt nicht	
Ausschneiden (57, 58)	☐ gelingt ☐ entlang der Linie ja/nein ☐ unsicher ☐ überwiegend ☐ gelingt nicht	

Erneute Dokumentation empfohlen: ja ☐ nein ☐ Durchgeführt am: Elterngespräch: ja ☐ nein ☐ Durchgeführt am: